英語教育 21世紀叢書

実践的コミュニケーションの指導

高橋正夫——著

大修館書店

はしがき

　平成10年版英語学習指導要領のキャッチフレーズは何と言っても「実践的コミュニケーション能力」の養成である。「コミュニケーション能力」自体は平成元年版にあり，現場教師にとってもなじみ深いものであり，コミュニケーション・プラクティスとかコミュニカティブ・アクティビティとかの活動も，その実体はともかくとしても，日常的な授業に組み込まれるようになってきている。では「実践的」という修飾語が加わることによって英語学習の方向がどう変わり，現場の授業のどこに変化が生じるのであろうか。

　「実践的コミュニケーション能力」が机上だけの文法知識の対極にあることは，おぼろげながら理解できるが，ネイティブ・スピーカーの間で飛び交っている言語スキルをそのまま学校で扱うことができるはずがない。従来コミュニケーション活動と呼ばれてきている学習行動は，多くの場合絞り込まれた特定の言語材料・文法項目を「意味ある」コミュニケーション場面で練習することに他ならなかった。それは基本的に「活動」という色づけをした文型練習に他ならず，結果として生じるのはある文法・文型の知識でしかない。コミュニケーションの実践的能力を高める活動との差はあまりにも大きいのである。

　従前のコミュニケーション活動については諸本も多く，研究授業でもよく紹介されているから説明の要はないだろう。しかしそこから実践的コミュニケーション活動への道筋はまことに曖昧であり，とくに目標構文への配慮を視野に入れつつ実践力の養成を

図るという中間段階の活動については，これまで組織的な記述はされていなかったのではないか。本書は，その段階づけを決定するのは自由で創造的なインタラクションがどれだけ主導権を握るかにあると考え，ステップ1からステップ4に至るまでに分けた。第1部の理論編で納得のいかない読者は第2部の具体的指導例で実感して欲しい。またそれとは別の発想で言語機能をテーマにした活動を第2部の3章に用意した。これは指導要領の「言語の使用場面と働き」に対応するもので，「実践的コミュニケーション能力」に多角的に迫ろうとするものである。

対話者同士のインタラクションが主導権を握れば握るほど，活動の展開は予測のつかないものになる。本書で示したシナリオは「授業の実録」ではなく，読者に活動の具体的イメージを与えるだけのためである。読者の方々はそれをヒントに自分の授業を創造性に富んだものにしていって欲しい。筆者の願いは，英語教師のそれぞれが文法・文型・言語材料など言語のかたちに対するこだわりから自分を解き放って，生き生きとした場面の中で英語を使う喜びを生徒と分かち合うことである。

活動例では拙著『高校英語のコミュニカティヴ プラクティス』（旧版，中教出版，1994：新版，中教，2000）から多数のアイディアや図版を借用した。またその姉妹編，藤生由美子『中学英語のコミュニカティヴ プラクティス』（中教，2000）からも数編を引用した。イラストの一部は，新潟県豊栄市葛塚中学校大塚深雪教諭に手伝っていただき，英文校閲は新潟大学外国人教師 John Hessian 氏にお願いした。ここに深く感謝したい。

2001年1月

著者

『実践的コミュニケーションの指導』目次

はしがき ——————————————————————— iii

第1部　実践的コミュニケーション能力 ——————— 3

第1章　「実践的コミュニケーション能力」とは何か — 5

1. 実践的コミュニケーション能力の位置づけ ——————— 7
   - 1-1 英語教育の「情」の部分 ————————————— 9
   - 1-2 「知」としての外国語学習 ———————————— 12
   - 1-3 「技」としての外国語学習 ———————————— 15
2. 「役に立つ英語」の系譜 —————————————— 18
3. 実践的コミュニケーションが「実践的」である条件 ——— 24
   - 3-1 聞くこと ——————————————————— 25
   - 3-2 話すこと ——————————————————— 27
   - 3-3 読むこと ——————————————————— 31
   - 3-4 書くこと ——————————————————— 32

第2章　言語の働きと使用場面 ——————————— 35

1. 「構造」シラバス ————————————————— 35
2. 「場面・働き」中心のシラバス ——————————— 37
3. 「構造」と「場面」の対立 ————————————— 39
   - 3-1 「構造」について ——————————————— 39
   - 3-2 「場面」について ——————————————— 42
4. 「働き」 ————————————————————— 44

第3章 実践的コミュニケーションへの道筋 —— 51

1. 機械的ドリルから教室外言語の間 —— 51
2. コミュニケーション活動以前——機械的ドリル —— 53
3. ステップ1 —— 言語活動 —— 54
4. ステップ2 —— タスク活動A —— 56
5. ステップ3 —— タスク活動B —— 59
6. ステップ4 —— 実践的コミュニケーション活動 —— 62

第2部 ステップアップの例示 —— 67

第1章 中学校の言語材料を例に —— 72

1. 過去形の指導 —— 72
   - 1-1 ステップ1 「私は何」 —— 72
   - 1-2 ステップ2 「ひとりにしないで」 —— 74
2. 不定詞の名詞用法 —— 75
   - 2-1 ステップ1 「同じ仲間をさがせ」 —— 75
   - 2-2 ステップ2 「私の相性」 —— 77
   - 2-3 ステップ3 「デートの組み合わせ」 —— 81
   - 2-4 ステップ4 「先生のお嫁さん」 —— 84
3. 受動態の指導 —— 85
   - 3-1 ステップ1 「おなべとことこ」 —— 85
   - 3-2 ステップ2 「物語整序」 —— 89
   - 3-3 ステップ3 「変な絵」 —— 92
   - 3-4 ステップ4 「昔話英語紙芝居」 —— 95
4. 助動詞を使った表現 —— 97
   - 4-1 ステップ1 「していいこといけないこと」 —— 97

4-2　ステップ2　「ロゴを読む」―――― 98
　4-3　ステップ3　「こりゃ何だ」―――― 102
　4-4　ステップ4　「結婚と離婚の世論調査」―――― 104
5. 現在完了形の指導―――― 109
　5-1　ステップ1　「何が変わった？」―――― 109
　5-2　ステップ2　「違いは何だ」―――― 111
　5-3　ステップ3　「教室のいたずら」―――― 113
　5-4　ステップ4　「思い出の写真」―――― 114
6. 関係代名詞の指導―――― 115
　6-1　ステップ1　「職業カルタ」―――― 115
　6-2　ステップ2　「なぞなぞビンゴ」―――― 119
　6-3　ステップ3　「なぞなぞカルタ」―――― 122
　6-4　ステップ4　「食べ物問答」―――― 129

第2章 高等学校の言語材料を例に ―――― 133

1. 比較表現の指導―――― 133
　1-1　ステップ1　「好きな食べ物は」―――― 133
　1-2　ステップ2　「クラスの食事傾向調査」―――― 135
　1-3　ステップ3　「食事に誘おう」―――― 137
　1-4　ステップ4　「本音は言わない」―――― 139
2. 分詞・目的補語の用法を中心に―――― 142
　2-1　ステップ1　「名画鑑賞」―――― 142
　2-2　ステップ2　「目的補語ビンゴ」―――― 144
　2-3　ステップ3　「楽しい仲間」―――― 147
　2-4　ステップ4　「心中観照」―――― 149
3. 仮定法の指導―――― 153
　3-1　ステップ1　「忠告します」―――― 153

3-2 ステップ2　「花束は誰から」 ————————— 155
　　3-3 ステップ3　「殺人者は誰だ」 ————————— 158
　　3-4 ステップ4　「うそをついているのは誰だ」 ——— 163
4. 過去完了の指導 ————————————————————— 166
　　4-1 ステップ1　「どちらが早いか」 ——————————— 166
　　4-2 ステップ2　「地震はいつ」 ————————————— 168
　　4-3 ステップ3　「ある恋の物語」 ———————————— 170
　　4-4 ステップ4　「創作人形劇」 ————————————— 175
5. 話法・時制 ———————————————————————— 178
　　5-1 ステップ1　「言い直し」 —————————————— 178
　　5-2 ステップ2　「幸せ神経衰弱」 ———————————— 179
　　5-3 ステップ3　「伝言ゲーム」 ————————————— 183
　　5-4 ステップ4　「漫画解説」 —————————————— 187

第3章 言語の使用場面と働きから —————— 190

1. 説明する ——————————————————————————— 190
　　1-1 待ち合わせ ———————————————————————— 190
　　1-2 買い物の依頼 ——————————————————————— 194
　　1-3 人物描写 ————————————————————————— 196
2. 説得する ——————————————————————————— 198
　　2-1 パーティへの誘い ———————————————————— 198
　　2-2 山に誘う —————————————————————————— 201
　　2-3 過食をいましめる ———————————————————— 204
3. 反論する ——————————————————————————— 206
　　3-1 犬・猫論争 ———————————————————————— 206
　　3-2 制服賛否 ————————————————————————— 209
4. ほめる ———————————————————————————— 211

- 4-1 物をほめる ─────────── 211
- 4-2 人をほめる ─────────── 213
- 4-3 作品をほめる ────────── 214
5. 紹介する ──────────────── 216
- 5-1 自分を紹介する ───────── 216
- 5-2 ひとを紹介する ───────── 218
6. 想像を楽しむ ───────────── 219
7. 討論する ──────────────── 220
8. 意見を言う ──────────────── 225

まとめ ──────────────────── 228

参考文献 ─────────────────── 232

索引 ────────────────────── 234

実践的コミュニケーションの指導

第1部

実践的コミュニケーション能力

1 「実践的コミュニケーション能力」とは何か

　平成10年告示の学習指導要領の解説書は「『実践的コミュニケーション能力』というのは，単に外国語の文法規則や語彙などについて知識をもっているということではなく，実際のコミュニケーションを目的として外国語を運用できる能力を指している。したがってコミュニケーションを適切に行うための総合的な力を指していると言える」と述べている。つまりこれが新指導要領改訂のキーワードである「実践的コミュニケーション能力」の公式的な解説だが，それが平成元年度版で言及されている「コミュニケーション能力」とどこがちがうのか，それは単に「実践的」を冠することによって「聞く」「話す」の言語活動の重要性を強調しただけなのか（「実践的でない」コミュニケーションなど存在するものだろうか），それとも教え方に何か質的な改革を求めているものなのか，その具体的な姿がいまひとつはっきりしない。さらに現場で基本構文さえ教え込むのに悪戦苦闘している教師から見れば，仮に目標とするものがイメージできたとしても，そこに至る道筋がかいもく見当がつかないというもどかしさがあるのではなかろうか。

　この目標概念の曖昧さと，目標に至る道筋の不透明さに対処するために本書は教師の持つこうしたもどかしさを次の8つの疑問点に集約することから始めたいと思う。

1．「基礎的・実践的コミュニケーション能力」は自己矛盾していないか。実践的であるためには個別の場面に対応する言い回しを習得しなければならないし，基礎的であるためにはどの場面でも応用のきく基本的な構造がたたき込まれなければならない。

2．「必要感がないところで学習は成立しない」は教授学の鉄則である。英語によるコミュニケーションを実践する場面のないところで実践的コミュニケーション能力を育てられるか。

3．「実践的能力」は使用場面と切り離すわけにはいかない。そんな多様な場面が学校授業で網羅できるはずがない。場面の「つまみ食い」に終わる程度なら，文法をしっかりやったほうがよほど効率的だ。

4．実践的コミュニケーションを考えれば「聞く」「話す」重視は当然であろう。しかし学習の効率からすれば一過性の音声情報より，「読む」「書く」を経由した技能が数倍も確実のはず。「書かなければ定着しない」は教師の常識だし，音声だけの学習では生徒も満足しない。

5．「言語の使用場面と働き」というが，そうした特定・特殊な場面での会話技術をいくら積み重ねても，実際に言語が使われる場面は無限に変容するものだから，あらゆる場面に対応できる言い回しを教え込むわけにいかない。現実に一番必要な創造的なスキルは「実践」を強調することによって育つのだろうか。

6．仮に，個々の場面での経験を積み重ねて体系を一般化する，つまり「特殊から一般へ」の体験的学習が外国語学習でも可能だとしても，それが成功するにはそれなりの時間が必要なはずだ。週3時間や4時間の授業時間でそんなことが可能なん

だろうか。

　7. 授業は楽しければいいものではない。生徒が本当に喜ぶのは「きちんとした」内容を確実に習得したという成就感である。「今日はここまでやった」という到達感は授業の運営にきわめて大事であるが,「実践的」でそれができるのだろうか。

　8. そして「入試」。指導要領の意図が, 公立高校入試そして難関私立大学の入試まで反映されていくのだろうか。現行の短時間ペーパーテスト方式で実践的能力を測ることはきわめて難しいはずだ。仮に可能だとしても, 合否の大勢を左右するほどの問題など作れるはずがないから, 入試に臨む生徒たちに実践的コミュニケーションを強いても, 生徒は納得しないだろう。

　以上の疑念を念頭に置いて, 理論面を扱う第1部では, まず「実践的コミュニケーション能力」の概念を学校英語授業が目標とする学力の中で位置づけることから始め, それと微妙な関係を持つ「言語の使用場面と働き」という概念との関わり合いを整理することに進み, さらに目標に近づくためのステップごとの工夫に言及する。その具体的な方策は第2部で詳しく扱い, 最終的に「まとめ」で, 上記の疑問点に回帰して, 平成10年版学習指導要領が意図する英語授業をいかに実現するか考えることにしたい。

1　実践的コミュニケーション能力の位置づけ

　まず議論を進めていく上で肝心なのは, 学習指導要領の「基礎的・実践的コミュニケーション能力」とはいかなるものか, その概念をきちんと理解しておくことである。「実践的」と言おうが「コミュニケーション」と言おうが, それは学校教育の枠組の中で語られているという大前提が再認識されなければならない。

学校での外国語教育の目標は多種多様に表現されるが，本書での趣旨との関連で考えると，図1に示したような相互に少しずつ食い違った中心を持つ3つの円が重なったものとしてイメージするのがいいと思われる。

　図1のアミ点模様の部分は外国語習得によってもたらされる文化的センス，国際的な感覚を意味し，「情（cultural empathy）」の部分を反映するものと理解する。横線の円は「知（linguisitic knowledge）」を代表し，外国語の知識が学習者の知的成熟に果たす役割を表わしている。入試英語といわれる分野がこれとかなり重なる部分があると理解してもかまわない。そして，斜線をほどこした部分は，言語の実際的なスキルを意味する「技（linguistic skill）」の部分である。

　これら3つの円の重なり合った部分(ア)が学校教育で意図している外国語科目の内容であり，受験英語であれ，実践的コミュニケーション能力であれ，学校教育の一部である以上，それはこの(ア)の範囲内での比重の違いでしかないはずである。例えば「知」領域との重なりを欠いた(イ)ないし(ウ)の部分に該当する「技」は，いかにそれが「実践的」であったとしても本書が扱う分野には入らない。また言語的スキルと重ならない国際理解教育というもの

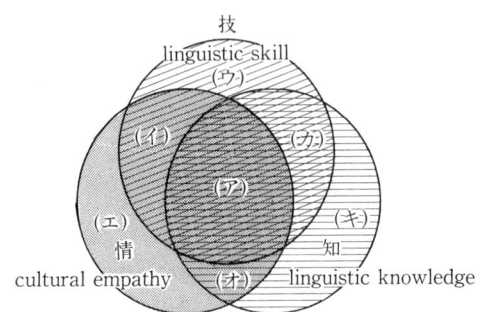

図1　学校英語教育が目指す3つの能力

もある（㈡及び㈥の領域）ことは次項以下に説明するとおりである。

実践的コミュニケーション能力を学校外国語教育全体像の中で正しく位置づけるために，それぞれの円がイメージする能力について少し考えることから始めたい。

1-1 英語教育の「情」の部分

国際理解は別に理解に困難な概念ではないが，国際理解教育となると具体的に「何をどう教えることなのか」と戸惑う人も多いであろう。日本では在住の外国人家族を招いてエスニックの料理を作ったり，歌や踊りの紹介といったまさに図1の㈡の部分に該当する活動を意味したり，社会科の世界地理と区別がつかないような知識優先型の授業㈥のどちらかを指す場合が多い。しかし国際理解そのものが機関の存在理由になっているユネスコの正式名称では，それは「国際理解，国際協力および国際平和のための教育ならびに基本的自由についての教育に関する勧告」（Education for International Understanding, Co-operation and Peace and Education Relating to Human Rights and Fundamental Freedoms）（大津，1993，p. 154）で，扱う問題も戦争，難民，環境破壊，文盲，飢餓，NGOなど多岐にわたり，双方向，体験型学習が中心になっている。平成10年（1998）告示の学習指導要領で登場した「総合的学習の時間」で扱う国際理解も姿勢としてはかなりこれに近いものがある。そして外国語学習との関連で論議をよんでいるのが小学校における「国際理解」と「英会話」との関わりである。

小学校学習指導要領（1998）は「総合的な学習の時間」で扱う「横断的，総合的な課題」「児童の興味・関心に基づく課題」「地

域や学校の特色に応じた課題」のうち,「横断的・総合的」課題の１つとして国際理解にかかわる内容を例示し,そこに次のような配慮事項を挙げている。

> 5. 総合的な学習の時間の学習活動を行うに当たっては,次の事項に配慮するものとする。
> (3) 国際理解に関する学習の一環として外国語会話等を行うときは,学校の実態に応じ,児童が外国語に触れたり,外国の生活や文化などに慣れ親しんだりするなど小学校段階にふさわしい体験的な学習がおこなわれるようにすること。

ここで意図されている「外国語会話等」はあくまでも国際理解教育のなかの一部であり,しかもその国際理解教育は様々な課題が取り上げられる「総合的学習の時間」のごく一部でしかないということを見逃してはならない。それは,中学校・高等学校の教科学習へと連続発展していく外国語学習の入門段階としてイメージされていない。決して「小学校から英語の勉強が始まった」のではないのである。ここにその学習の結果として到達すべき言語能力のようなものが一切言及されていないのも,そうした姿勢の結果である。だから当然カリキュラムのようなものはないし,文部省検定の教科書も存在しない。もちろん,語数はどうとか,必修文型はどうとか,学習活動はどうしろとかの文言は初級レベルの言語学習に必ずしも馴染まないが,もし体系的学習の基礎的な部分を担うのであるとすれば,それは究極的に達成されるべき外国語技能にてらして,何らかの学習到達レベルが示されていなければならないはずである。

つまり,小学校での外国語の扱いは図１で言えば,(ｴ)に相当する部分で,現代社会に不可欠な国際理解という一般的市民常識を

涵養するための道具・手段でしかなく，それは中学校から始まる外国語学習とは別個の流れのなかにある。もちろん，日常のあいさつや身の回りの英単語を学んで，「技」と「情」が合体していくこともあるし（(イ)），言語構造の基本的な知識を獲得することによって「知」と合わさることもあろうが（(オ)），基本的に国際理解教育として英語は「実践的コミュニケーション能力」とは違うものだと認識したほうがすっきりする。つまり異国の歌や踊りを経験することだけで文化的寛容度を高めることぐらいはできるかもしれないが，そうしたレベルの言語経験は体系的な外国語学習へとはつながっていかないのが普通である。

　もともと外国語能力の「実践」が日常生活に存在しない日本人にとって，市民的教養の基礎づくりをめざす小学校が実践的能力としての外国語を扱わないことは当然といえよう。つまり「小学校段階にふさわしい」という指導要領の記述は単に難易のレベルではなく，学習の質自体にも言及しているわけである。当然のことながら，「基礎的・実践的コミュニケーション能力」の文言は小学校指導要領には一度も出てこない。

　しかし，学習指導要領の意図が現場的にどう解釈されているかはまた別の話である。地域によっては，PTAの強い要望で「総合的な学習の時間」の大半を英会話に投入している学校も多いし，数多く出版されてきた小学生用英語練習帳を用いて組織的な英語学習のカリキュラム作りをしているところもある。とくに小中一貫型の私立校では以前からそのような英語教育が実践されてきており，市民的教養の基礎を意図する指導要領の思想とは基本的な違いがある。一般的にはこのほうがはるかに理解しやすい。さらにこの問題を複雑にしているのは，英語の学習を総合的学習の1つの柱である国際理解教育の枠内に位置づけた指導要領の立場が，国の施策として必ずしも一貫してはいないような印象を受けるこ

とである。たとえば「英語指導方法等改善の推進に関する懇談会」の審議経過報告要旨では「小学校英会話学習」という文言を使用して，小学校における指導の在り方を提言しているし，文部省が1992年以来研究開発校に指定してきた小学校での取り組みは，それらの報告書を読む限り，かなり英語スキルの向上を念頭においたものであるとの印象を受ける。松川禮子氏は「小学校への英語学習導入が，国際理解教育の衣を着て出発することになったことは，妥協的産物のようにも見えるが，語学教育としての技術主義を超える可能性を持つものとして，私は期待したいと思う」（松川，1998，pp. 14-17）と述べているが，的を射た発言と言えよう。

いっぽう中学校・高等学校はと言うと，前回（平成元年）版指導要領で外国語教科の目標を「言語や文化に対する関心を深め国際理解（の基礎──中学版）を培う」と締めくくってあったため，英語科における国際理解教育が一躍脚光を浴びることになった。しかし，平成10年版では「目標」のなかから「国際理解」の文字が消え，結語は「聞くことや話すことの実践的コミュニケーション能力の基礎を養う」（中学），「情報や相手の意向などを理解したり自分の考えなどを表現したりする実践的コミュニケーション能力を養う」（高校）と変わり，「言語や文化に対する理解」は外国語スキルとの関連で扱うという姿勢が鮮明になっている。つまり図1の㈐，㈑の領域は直接的な関心事ではないと言い切ったと解釈するのが妥当であろう。

1-2 「知」としての外国語学習

外国語が「知」の鍛錬のみに学ばれて，「情」や「技」の部分は少なくとも第一義的関心事でない場合（図1の㈓）は，日本人

の漢文学習を想起するのがてっとり早い。ヨーロッパのラテン語・ギリシア語，コーランのアラビア語の学習にも見られるように，こうした言語は日常生活とまったく異なる次元で用いられるものであって，その知識の所有そのものが社会的特権と直接結びつくものであった。

　もちろんコミュニケーション能力養成が最重要視される時代にあっても，国民普通教育として「知」の部分の重要さも否定されるべきではない。よく引用される「外国語を知らない者は自分の言葉もまた知らない」というゲーテ（Goethe, J. W.）の箴言のように，言語という人類にとって最も特徴的な文化的資質を理解するのに，母国語を客観視できる外国語の素養は貴重である。つまり外国語学習の目的の1つは，"to increase the students' understanding of how language functions and to bring him, through the study of a foreign language, to a greater awareness of the functioning of his own language.(Rivers, 1968, p. 8) ということである。

　たとえば，母音と子音の組み合わせで日本語の音韻が成り立っていると意識するのも，子音の連続が珍しくない英語を知っているからである。また英語の完了形という相（aspect）と過去形という時制（tense）の関わり合いを知らなければ，日本語における時の表現の仕組みは本当には分からないだろうし，主語がよく省略される日本語からだけでは，主部対述部という文構造の基本をつかむことも無理であろう。外国語を知ることによって自分の母語の特性を意識し，母語の使用をより精密に，かつ豊かにすることは外国語学習の大きな目的であることは間違いない。

　次は役立つ実践的スキルを強調し，「知」に偏った指導を攻撃した英語教育改革論（平泉　渉「英語教育改革試案」，1974――後述）に対する渡部昇一氏の反論の一部である。

「少なくともそれは日本人に母国語と格闘することを教えたからである。単なる実用手段としての外国語は母国語との格闘にならない。その場合は多くが条件反射の次元で終わるからである。「格闘」という言葉はおだやかでないが，英文和訳や和文英訳や英文法はことごとく知力の限界まで使ってやる格闘技なのである。そしてふと気がついてみると，外国語と格闘していると思ったら，日本語と格闘していることに気付くのである。」

母語との格闘が主目的であるとすれば学習の基本は翻訳という作業になる。また知識としての研究されるのであれば音声面が軽んじられることになる。しかし，何と言っても「知」としての外国語学習が非難されるのは，それが社会的選別の道具として使われることにある。つまり，中等教育以上のエリートの段階的選抜の道具として使われる「受験英語」と重なるからである。選抜という機能を果たすためであれば，難問・奇問と呼ばれる暗号解読を迫るような問題であっても是認されることになってしまうし，また受験者のランクづけには知識量が一番明確な基準となるからである。

ただ，この論はいささか過大に議論される傾向にあることは注意しておいた方がいい。現在の高校入試・大学入試で要求される英語力は，総括的な「技」も加わった(カ)の部分に重なるところが多いというのが大勢なのである。また，大学入試の長文読解問題には異文化に対する知識の有無が回答に影響するような出題((オ))も出始めている。一部難関私大といわれる大学の入試問題，とくに誤文指摘型の設問に運用能力とは全く関係のない問題を見ることがあるが，それとても全体の配点で占める割合は世評が糾弾するほど高くない。

したがって，「知」と「技」との乖離は世間で信じられている

ほど大きくはないというのが現状である。実践的コミュニケーション能力が育たない理由をすべて受験英語に帰することは誤っていると言わざるを得ない。

1-3　「技」としての外国語学習

　「実践的コミュニケーション能力」が「技」の領域に入ることは論をまたない。そして外国語の素養が一部支配層の特権だとみなされていた時代は別として，普通学校教育のなかの外国語教育の目標が第一義的に「技能」の習得でなかったことはない。

　旧制中学校教育からの決別を宣言した戦後初の『中学校学習指導要領英語編（試案）』（昭和22年）は，英語科教育の目標の第一を「英語で考える習慣を作ること」とし，「英語の聴き方と話し方を学ぶこと」を目標の第二とし，その次に第三の目標「英語の読み方と書き方を学ぶこと」を置いている。もっとも，戦前の英語教育にあっても技能としての英語が無視されていたわけではない。昭和6年の中学校教授要目は，「外国語ノ教材ハ平易ナル現代文ヲ主トシ常識ノ養成，国民性ノ涵養ニ資スルヲ旨トシテ選択スベシ　外国語ハ発音・綴り字・聴方，読方及解釈，話方及び作文，書取・文法・習字ヲ課シ了解・発表ノ二方面ニ亘リテ互ニ聯脈シテ之ヲ授クルモノトス」とある。

　したがって，最新の平成10年告示の学習指導要領が「技」の領域で意味を持つのは，それが特定な場面の中での言語行為，別の言い方をすれば，コミュニケーションという行為のなかでの言語技能を強調していることである。それは既に昭和44年版の「言語活動」の登場から明確になってきている流れであるが，平成元年版では初めて「積極的にコミュニケーションを図ろうとする態度」と表現され，今回それを一段と強調するかたちで「実践的コ

ミュニケーション能力の育成を図る」となっている。「実践的」といういささか不自然な修飾語をあえて冠することによって，教室外の言語使用の実際的場面を強く意識させようとしたものである。コミュニケーション能力の養成は平成10年版指導要領のいたるところで強調されており，「情」や「知」の領域は相対的に外国語教育にとって二次的，三次的な目標であるかのような書き方をされている，と言ってもいいくらいである。

　コミュニケーションの場数を踏んで理屈抜きで拾得していくスキルは図中(ウ)の部分に入る。I came here early so that I could secure the time to prepare for the lesson. と述べるよりは，I came early for the lesson. と情報の核の部分を圧縮して素早く言ったり，Fine yesterday. We went driving. (＝We went driving because it was fine yesterday.)／He is a doctor. I know that. (＝I know he is a doctor.) と言うほうがよい。接続詞なしで節や句を並べる parataxis と呼ばれる手法はこれに当たる。また対話相手の理解を前提としながら，大胆に省略（ellipsis）を重ねていく技能も(ウ)・(イ)の部分である。Mine? / What? / The pen. / Sure. Go ahead. などがコミュニケーションとして機能するのは，Is that the pen I am supposed to use? / What do you mean by "Mine"? / What I mean is the pen I am supposed to use. / You are right. Go ahead and take the pen. という会話が成立する環境の中で，このほうがはるかに場面に対して適切であるという認識に基づいている。このほか，I failed to prepare for the lesson. の言い回しが思い浮かばないから，とっさに I had no time to study. で済ましてしまうとか，principal を teachers' boss にしてしまう言い換え（paraphrase）のスキル，関係代名詞に自信がないものだからいつも単文を重ねて言う，といった回避行動（avoidance strategy）などもこの領域で必要な能力であ

る。

　これらは大きくコミュニケーション・ストラテジー（方略能力）と呼ばれ，基本的には「頭」で理解するよりも，体でスキルとして修得されていく。この意味では非言語的コミュニケーション手段と呼ばれる表情，手の動き，目の焦点などに関する学習も広い意味では(ウ)であろう。

　コミュニケーション能力の「実践的」の部分を過大視すれば，指導要領はこうした「通じる」ことにおける効率だけを優先する態度を学校英語授業の中に持ち込もうとしているのではないかと警戒心を招きかねない。しかし学校は，特定の職能集団を意図した外国語研修や，限定された場面での言い回しを頭から覚えさせようとする会話学校などとは違うのである。例えば，外国人観光客を相手にする土産物店での言い回しは，それが単に値段の交渉のためだけのセットフレーズであるとすれば，数字と抑揚だけで用が足りるかもしれない。しかし，そうしたスキルはいかに実践的であったとしても学校教育の対象にはならない。仮に同様な表現を教材として扱うとしても，指導要領の意図する「実践的コミュニケーション」は，もっと一般的言語能力につながる学習形態をイメージしていると考えたい。同じように，海外で病気になったらどう説明するかとか，機内でワインを注文するにはどうしたらいいかなど，「海外旅行英会話フレーズ」のようなものは，それが何らかの統合的知識と関連づけて発展されなければ（つまり図1の(カ)の領域に入らなければ），学習としては有効ではない。平成10年版指導要領がいかに実践的コミュニケーション能力を強調して，場面の配慮や言語の働きを前面に押し出してきていると言っても，それは従来型の教え方がどうしても「知」に傾斜しがちであったという事実を踏まえた上での言い方だと理解するのが穏当である。「技」としての外国語能力と言っても，決して「通

じる」ことだけを優先するという意味でないことを意識しておく必要がある。

2 「役に立つ英語」の系譜

　学校が与える「技」としての英語力がコミュニケーションには全く役に立たないという不満は，別に新しい話ではない。コミュニケーションという概念が希薄であった頃にさかのぼっても，実際の役に立たないと烙印を押され，教科としての存在理由を賭けた国民的議論に発展したことはこれまでも何回もあった。とくに大正から昭和にかけて，高等学校進学のための受験英語に変容してしまった旧制中学校の英語授業に対して，「全く役に立たない」から追放すべきだとする英語廃止論は，国粋主義のうねりと重なって幾度もマスコミを賑わしている。大正13年，杉村楚人冠は「今の中学校の英語教育ほど無用なものはない。一週間十時間くらい教えて五年たったところで，何になるわけでもない。殊に今の英語教育は読むことのみに重きをおいて，その他はほんのつけたしに教ふるだけだから，中学校を卒業しても，話も出来なければ手紙も書けない，読む方にしたところが，まことに中途半端なもので，小説が読めるじゃなし，新聞がよめるでもなし（略）大抵三四年の間に忘れてしまうのが落ちだ」と断じているが，100年近く前の論文に現在でも同感を示す素地が国民の間にあることは否定できない。

　さらに昭和に入って，東京帝国大学教授の藤村作の「大多数の官吏，会社員，商工農業者，教員その他の所謂中流階級，中等国民は学校生活の間に最も骨の折れた学科の一つである外国語の多少の知識を有しているに拘わらず，これを有益に使用してゐるものは概してないのである。これは決して有効に使わないものゝ懶

惰ではない、その必要を感じないのである」(昭和2年) という英語弾劾論も、当時大きな波紋を引き起こしている。

まさにこれらは外国語教育の教養主義に対する古典的攻撃である。義務制ではなかったとは言え、当時急速に中産階級に普及していった旧制中学校の普通教育としての枠内で、外国語教育の有用性が論じられていることに注目する必要がある。一般人にとって「実践的技能」の必要がほぼ皆無の時代であっただけに、当時の英語教育是非論は学校教育のなかの外国語学習の意義を厳しく問いかけるものであった。しかし結局、第二次世界大戦に至る国粋主義の高まりのなかでも、英語が中等教育のカリキュラムから消えることがなかったし、入試問題での比重が下がるということもなかった。それはまさに、外国語の素養が「技」としての実用的価値ばかりではないということに、国民が暗黙のうちに合意していたからなのである。

戦後の転換期を過ぎて市民的教養として英語が認知される時代になっても、「役に立たない」といいう批判は止むことがなかった。「役に立たないから廃止せよ」から「役に立たないから改善せよ」に変わっただけ、その批判は深刻さを増している。

批判の急先鋒となったのは技術革新と高度経済成長の波にのる産業界だった。日本経営者団体連盟（日経連）は、「初等中等教育制度の単線型を改めて複線型とし、中・高等学校において生徒各人の進路・特性・能力に応じ、普通課程と職業課程に分けて効率的能率的な教育を実施する」（「科学技術教育振興に関する意見」1957）（柴田, 2000, p. 104）と述べ、「効率主義」「能力主義」に基づく教育制度の再編成を要求している。はたして教育は能率と効率だけで議論されるべきか疑問が残るが、純粋に投資と収益とのバランスだけで考えれば、日本の英語教育はきわめて効率の低い投資であることは多くの意見の一致するところである。産業

界のみならず，それが一般的国民の認識でもあったことは，数々の指導要領の改訂にもかかわらず，「世界に通用する英語」「ほんものの英語」「役に立つ英語」を要求する声が絶えず新聞や雑誌の投書欄を賑わせていることからも察せられる。

　こうして「役に立たない」と言われ続けてきた外国語教育は昭和50年代にひとつの改革の機運に直面するのであるが，とくに真っ向からの批判として大きな反響を呼んだのは，自由民主党国際文化交流特別委員会副委員長で参議院議員でもあった平泉渉氏が昭和49年（1974）に発表した，「外国語教育の現状と改革の方向―ひとつの試案―」である。

　平泉は，そのなかで在来の学校英語教育を批判して，「コストが高く，成果があがらない」うえに，その結果は「値段の高い，しかも中途半端な製品」であり，教え方ときたら「自転車に乗ることを勉強しようとしている人に対して，お座敷で泥だらけの自転車を乗り回しては困る。行儀よく，二輪の物体が，いかに安定し，進行することができるかを，図面と理論だけで教える」ようなものだと断じたのである。そして氏は改革の骨子を次のように構想した。

① 　コースは，例えば５か月コースずつ，６つくらいに分かれる段階制とする。E1，E2，E3といった具合である。運転免許と同じように各段階でテストし，生徒が原級に止まる場合もある。
② 　仮に，中学卒業時にE4までしか達しない者は（中２でこのコースに入った人とか，進級テストに落第した人），高校でE5のクラスに入ればよい。高卒時にも同じように，大学のコースに接続できる。逆に，中学３年までに，E6まで修了したものは，高校では第二外国語を普通のクラスで始めることも，スポーツに精を出すことも，自由である。
③ 　高校入試，大学入試では，各高校，大学が本当に「語学」の

できる人を求めているのであれば, 新コースによってE3とか, E5とかいう「実力」所持を証明できる者には, いわゆる受験英語を免除してよいはずである。
④ E1, E2といったグレイディング（格づけ）は, アメリカあたりの外国人のための英語教育システムと緊密に連係してつくることとし, その実力認定に国際的な共通性を与える。E6はTOEFLシステム（アメリカでひろく行われている外国人英語能力検定試験）の何点に当たるというようなことである。

つまり, 平泉は在来の学校教育のシステムとは別に, はっきりと「実践的技能の獲得」を目的とした外国語コースを作ることを提案したのである。そしてこうした特殊なコースを設置する一方で, 在来の中学校の英語は「世界の言語と文化」といった, いわば社会科的な授業に衣替えをし, そこではせいぜい英語の常識程度のことを扱う（つまり図1の(オ)の部分）のみにすればいい, とした。平泉の算定によれば, この「外国語コース」を経て実際的な言語運用能力を獲得する者は国民の5％ぐらいで, 国家的必要度からすればそれで十分であろうとしたが, それもまた大反響を呼び起こした。

この提案は「同年齢同学年同一学習」と言われる日本の伝統的学校教育と真っ向から対立するもので, あまりに急進的改革であったがために, 実際の政策として検討されるまでには至らなかった。しかし,「実践的コミュニケーション能力養成」を突き詰めていくと究極的に辿り着く1つの終着点であることには違いない。

いっぽう, 学習指導要領改訂に先だって組織される教育課程審議会でも英語教育の改善は教育改革の大きな柱の1つとしてたびたび論議されてきた。たとえば, 昭和61年の臨時教育審議会の第

二次答申は,

> 　現在の外国語教育,とくに英語教育は,長期間の学習にもかかわらず極めて非効率であり改善する必要がある。
>
> 　①　これからの国際化の進展を考えると,日本にとって,これまでのような受信専用でなく,自らの立場をはっきりと主張し意志を伝達し,相互理解を深める必要が一層強まってくる。
>
> 　その手段としての外国語,とくに英語教育の重要性はますます高まってくるものと考える。しかし現在の外国語教育については,長時間かつ相当の精力を費やしているにもかかわらず,多くの学習者にとって身に付いたものとなっていないなど,種々の問題がある。
>
> 　②　まず,中学校,高等学校等における英語教育が文法知識の習得と読解力の養成に重点が置かれ過ぎていることや,大学においては実践的な能力を付与することに欠けていることを改善すべきである。今後,各学校段階における英語教育の目的の明確化を図り,学習者の多様な能力・進路に適応するよう教育内容を見直すとともに,英語教育の開始時期についても検討を進める。その際,一定期間集中的な学習を課すなど教育方法の改善についても検討する。

と述べ,英語教育の現状に強い不信を表明している。

　もっともそれ以前の指導要領でも,たとえば昭和44年度版から既に,読解中心,文法過多の学習を改めるキーワードとして「言語活動」が登場している。これは昭和33年で登場した「学習活動」に代わる用語として用いられたものであるが,昭和52年の改訂を経て,その趣旨がさらに徹底され,言語活動を行わせるに当たって,どのようなことをねらって指導したらよいか,その指導

目標を具体的に挙げるようになっていったのである。

そして、上記の臨時教育審議会（昭和61年）の答申を受けた教育審議会は、「特にコミュニケーション能力の育成や国際理解の基礎を培うことを重視する。このため、読むこと及び書くことの言語活動の指導がおろそかにならないように十分配慮しつつ、聞くこと及び話すことの言語活動の指導が一層充実するよう内容を改善する」を外国語教育改善の基本方針とし、これが平成元年の学習指導要領改訂で「コミュニケーション能力の育成」という表現に盛り込まれた。さらに次の指導要領改訂の周期にあたる10年後、教育課程審議会（平成10年7月）は指導要領の改訂点について極めて具体的な指示を出すようになっている。その答申（平成10年7月）の主要な点は次の通りであった。

(ｱ) 音声によるコミュニケーション能力を重視し、実際に聞いたり、話したりするコミュニケーション活動を多く取り入れることとする。

(ｲ) 例えば、あいさつや依頼をすることなど日常的な言語の使用場面や働きを例示し、それらを有機的に組み合わせることにより実際に言語を使用する幅広い言語活動が展開できるようにする。

(ｴ) コミュニケーション能力の育成を図る観点から、実際に使用する経験を重ねながら言語の習熟を図ることを重視して、言語を使用する場面や言語の働きに配慮したものを取り上げるものとする。

(ｵ) ネイティブ・スピーカーなどの協力を得て行う授業を積極的に取り入れることや、インターネット等の情報通信ネットワークや教育機器などを指導上有効に生かすことを配慮する。

これが現行指導要領の「実践的コミュニケーション能力」「言語の使用場面と働き」「聞くこと・話すこと」の強調などに表現されている。あえてこの「実践的」という即物的な語を導入することによって，「役に立つ英語」を求める社会一般からの要望に正面から応えようとしていることをアピールしているかのようである。外国語教育としてそれは当然である反面，「役に立つ」の概念があまりに即物的に解釈され，外国語学習の持つ文化的な意味合いが無視されかねない危険性をはらんでいる。

3　実践的コミュニケーションが「実践的」である条件

　前回の学習指導要領（平成元年）で単に「積極的にコミュニケーションを図ろうとする態度を育てる」（目標）となっていたものが，平成10年の改訂で「積極的にコミュニケーションを図ろうとする態度の育成を図り，聞くことや話すことなどの実践的コミュニケーション能力の基礎を養う」と変わり，「聞くこと」「話すこと」「実践的」などの言葉が特に強調を受けている。ここで，ことさら実践的と呼称される能力は，通常の学習活動で目指す能力とどこが違うか考えてみることにしよう。これらは基本的には図１の(ウ)に該当する部分が多く，理屈や文型練習よりは，その場面に数多くさらすことによって習得されていくものである。しかし，日頃の学習活動の中でそれを意識化（図１の(カ)）することで学習が補強されることも多い。それは個々の学習活動の成果というより，教師が授業を展開していくうえでの一貫して取り続ける姿勢のようなものによって自然に生み出される生徒の能力だ，と言うことが可能であろう。

3-1 聞くこと

(1) スピードへの慣れ

　実践的聞き取り能力で一番問題になるのは発話速度である。ある部分の理解に手間取っていると，すぐに次の発話部分の解釈ができず，それが次々と重なっていくから発話全体の解釈がまったくできなくなってしまう。竹蓋 (1989, p.60) は，米語の一般的な発話速度は130語/分から330語/分ぐらいの幅があり，平均的には約200語/分強と考えている。中学校教科書付属の録音テープはだいたい80語/分程度であるから，いわゆる「即興的発話」(extempore speech) と言われるなかでも slowest level とされる平均125.8語/分にはるかに及ばない。これについて Roger Griffiths は，聴き取り能力が「中の下」としたオーマンの英語教師に対する実験で興味深いことを言っている。確かに200語/分 (moderately fast) では聴き取りは落ちるが，100語/分 (slow) にしたからといって150語/分 (average) より聴解力が高まることにはならなかった。つまり発話速度は遅すぎても駄目であって，不自然な遅さはかえって聴解の障害になるということである (Lynch, 1996, p.62)。

　教室にあっても120語/分程度の聞き取りに慣れるように訓練すべきであるが，速さと密接に関係するのは１つの発話の長さである。聞き手にある程度の解釈を要求する発話は，長くなると初学者には記憶を保持していけなくなる。速くても短い発話であれば抵抗も少ないから，教室英語などは速さに慣れる絶好の機会である。Lynch (*ibid.*) はこのテクニックを paused listening task と称して，聴き取り能力向上の有力な手段としている。段落の切れ目でトピックが変わるところに短いポーズを置くことは，聞き手がその発話に対する姿勢を切り替えることができるので，外国人

にはとりわけ貴重なアドバイスである。

(2) **音調についての約束事**

　生徒たちが教科書を読み上げる時の一本調子の音調は，英語として不自然な印象を与える最大の原因である。実際の発話は文字として表現されないさまざまな調子というものがあり，それには一定の約束事がある。例えば，ある段落の終了や新しい話題に入る手前にはそれなりの声の調子の変化が現れる。それらはThen, Secondarily, So, Therefore, In the end など，単語なり句なりで表現されることもあるが，単に抑揚の変化だけで表現されることもある。また話し手が特に注意を引きたいと思う箇所は通常強く，ゆっくりと，かつはっきりと発話される。そうした英語特有のダイナミックな調子に慣れ，スピーチ構成のシグナル・約束事を聞き取る訓練が必要である。

　同様に発話者の non-verbal signal もきわめて大きな役割を果たす。表情・うなずき・手の動きなど，発話者を目で観察することによって，話者がある部分ないしは発話全体を肯定的に表現しているのか，否定的なニュアンスの中で述べているのかだいたいの見当がつくし，実践的場面では言語的な情報よりもそのほうが重要な場合も多いのである。

(3) **聞き返し（seeking clarification）**

　学習指導要領の「目標」は「(ェ)　話し手に聞き返すなどして内容を正しく理解すること」として，理解が十分でないときには，曖昧のままで済ませるのではなく，適切な質問をして意味の確認することを要求しているが，まさに「分からなかったら黙っていない」ということは，日常的な学習活動のなかで積み上げられる実践的コミュニケーション能力の重要な部分である。対話者双方が対話の進行につれて話題のミスマッチを修正し，使われている語彙やフレーズの意味を的確なものにしていくプロセスは negotiation of meaning（意味のやりとり）と呼ばれ，話し手－聞き手間のインタラクションの重要な要素である。それは同時に，対話でのリスニングが決して受け身的行為ではなく，絶えず積極的に会話に参与していくものであることを示している。

(4) **学習リスニングの脱却**

学習活動の中でのリスニングは，しばしば聞き取りテストとして行われることが多い。つまり多くはそのあとに comprehension check が待ちかまえていて，情報の聞き取りを点数として表わすことになっている。そのため2度，3度とリスニングが繰り返されることも珍しくない。また聞き取りの過程ではどのような質問が待ちかまえているかは予測できないから，すべてもれなく聞き取ろうとする態度が習慣づけられてしまう。これでは，主観的な判断で情報を取捨選択する本来のリスニングが育たないのである。Rost (1990, p.9) は，リスニング訓練を attentive listening, intensive listening, selective listening, interactive listening の4つの段階に分けているが，「実践的」であるためには最後の2つが特に重要である。学習のステップとしては特に，interactive listening の前に selective listening での訓練を十分に積む必要がある。

3-2 話すこと

(1) **strategic competence（方略的能力）**

実際の会話場面で，聞き手はただ単に話し手に耳を傾けている受動的な存在ではない。話の腰を折られたり，意図したメッセージが伝わらなかったり，誤解されたり，教科書のモデル・ダイアログのような展開は望めない。相手の理解が不十分であればくり返したり (repetition)，言い換えたり (paraphrase)，場合に

よっては難しい表現をまるまる回避したり (avoidance) することは，実践的なスピーキング能力の基本的部分である。これら聞き手の関わりのなかで即興的に話し方を変え，会話の方向を修正していく能力を strategic competence（方略能力）と呼ぶが，日常的授業の中でとくに生徒に積極的に運用することを勧めるものは次の通りである。

(2) 「それ，あれ」語の適切な運用

日本語の「これ」「それ」「あれ」「どれ」と同じように，話し手と聞き手の関係によって指示するものが変わる語は deixis と呼ばれるが, this, that だけでなく，時間関係の now, then, yesterday / tomorrow, 場所関係の here, there, 人称代名詞の I, you, he / she などを含めて考えると，その有効な使い方が実践的なコミュニケーション能力に不可欠なことが分かる。相手の発言を受けて, I can't see what you mean. と切り返したり, That's it.（それ，それ，私の言いたいことは）と確認することもできる。これをいちいち, I cannot understand the fact that tomorrow's party should be held at a different place from the one proposed before. と言ったり, That is the same argument I am trying to make. などと言っていたら会話は白けてしまうか，発言の機会を失う羽目になってしまう。生徒が発言に詰まってしまったら，こうした「こ・そ・あ・ど」言葉でその場をしのげるように習慣づけておくといい。

(3) ジェスチャーの利用

スムーズな会話の進行には，多くの非言語的行動が見られることはよく指摘される。表情・手の動き・目の位置などは文化によっても違い，マスターするには一定の訓練が要求される。「話しかける時には相手の目を見る」とは実践的コミュニケーションの第一歩であるが，教室での発話は不特定多数を聞き手として行

われることが多いので、教師と生徒の対話という場面では特に目を合わすことから始めるのがいい。

(4) **省略（ellision）・並列（parataxis）**

日常的に交わされる会話を観察すればすぐ気がつくように、われわれの会話はほとんどが断片的な語の連続からなっている。また書き言葉に見られる幾重にも修飾が重なった複文よりは、接続詞なしで単文を並べていくほうがはるかに頻繁である。Since he is a member of the family which has been influential in local politics, many girls want to marry him anticipating his possible inheritance. などは、He's from a famous family. It is influential in politics here. Girls want to marry him. They wish for his fortune. He may inherit a vast fortune. と並べてしまう。

要するに肝心なのは場面に適切な発話のタイミングで、発話の正確さは対話の進展のなかで微調整していけばいいのである。

(5) **時間かせぎの文句**

実際の対話では、Errr... とか Hmm... など、言葉にならない言葉に始まって、well, you know, kind of, let me see など、発話の中の意味に全然関係ない言葉が多い。今回の学習指導要領の改訂で新しく登場した、「話すことの言語活動」の「(エ) つなぎ言葉を用いるなどいろいろな工夫をして話がつづくように話すこと」も同じ趣旨である。紋切り方の応答や一往復だけのことばのやりとりでなく、コミュニケーションを円滑に行うためには、そのような状況の中で使用されるさまざまな表現や技法を身につけ、活用することが大切である。

(6) **中立的表現**

会話の中で、相手の表現がよく聞き取れなくても一応玉虫色の表現で受けておいて、話の進行に伴ってはっきりとした意見に組み立てていくことはよくある。

こうした実践的コミュニケーションで頻繁に現れる曖昧な表現に対して，Channell（1994）は vague language という語でもって，そのポジティブな役割を取り上げている。People have many beliefs about language. One important one is that 'good' usage involves (among other things) clarity and precision. Hence it is believed that vagueness, ambiguity, imprecision, and general woolliness are to be avoided. と述べたうえで，これは全く誤った考え方だと述べている。彼女は，ワインの試飲会での会話とろうそくがともされた晩餐会での会話とを比較し，後者の場面で前者のような正確さを要求するのはかえって適切ではないとしている。Malinowski の 'phatic communion' for communication which has more of a social than an informing function も同じ趣旨である。つまり多様な実践的場面では，「適切さ」（appropriateness）と「正確さ」（degree of precision）は必ずしも対応しないのである（Channell, 1994, p. 15）。

　要するに，実践的コミュニケーション能力として重要なのは，さまざまなかたちに変容していくコミュニケーション場面に応じて素早く対応できる方略的能力と，そこで要求される正確さ（accuracy）より発話の適切さ（appropriacy）を重視する態度である。そのためには誤りに対する許容度（tolerance to errors）を高めておく必要がある。教室内の学習活動という点からは文法的正確さを無視するわけにはいかないが，すべての文法ルールが等しく遵守されなければならないのではなく，特定の文脈のなかで相対的に判断されるものだという，動的で柔軟な文法観を育てていかなければならない。学習のある場面では accuracy に対する考慮をいっさい忘れて，コミュニケーションの成立のみに配慮する場面も必要である。本書では第2部で紹介する

ステップ2の活動に，タスク活動A（第1部第3章第1節参照）としてその趣旨を生かしてある。

　文法的正確さに対して一番神経質なのは外国人英語教師で，逆に一般のネイティブ・スピーカーは一番許容度が高いという調査もある。とくに意味内容に大きな障害を成さない名詞の複数語尾や三人称単数現在の動詞語尾などはそうである。Ludwig（1982, pp. 274-283）は，話し言葉において発音や文法的な正確さよりも，どのように意思を伝えようとしているかといった，コミュニケーション全体に対する話者の積極的な意欲がより重要であると述べている。

3-3　読むこと

　コミュニケーション能力というと通常は「聞く・話す」に限定されることが多いが，口頭練習を補強する意味でも文字に関する学習を無視するわけにいかないし，現実的場面での「読み方」の指導も必要である。音読，精読などは指導のテクニックとして正当化される場面はあったとしても，それは通常の意味での「読み」ではない。また教室で普通に見られる「精読（perusal）」も，教室外では契約書の条項を丹念に読む，待ちこがれた恋人からの手紙を飽きずに繰り返し読むなどといった「読み」としてはむしろ例外的な行為であって，現実的場面で普通に見られるのは「流し読み（skimming）」（その文章の概要，構成，書き手の意図を知るために文全体にざっと目を通すこと）と「情報検索読み（scanning）」（事前に読み手がほしい情報が決まっていて，必要な箇所を見つけるために読むこと。不必要なところはどんどんとばし読みする）である。それぞれ相互の位置関係はかなり曖昧であるが，英語の場合，skimmingなら800wpm（語/分）以上，scanningで1,000

wpm以上にもなる。この1,000wpmというのは英字新聞の1ページを2〜3分で読んでしまうスピードに相当する。一見驚異的な数字のようだが，我々にしても日本語の新聞ならその程度の早さの読みを常時行っている。それでは「常識的な普通の速さ」はどのくらいかと言うと，高校生レベルで平均250wpmぐらいだと言われている。読解スピードにはさまざまな問題があるので，こうした数字にこだわる必要はないのであるが，はっきりしているのは，教科書1ページを読み終えるに3分も4分もかかるようでは「実践的スキル」とはとても言えない，ということである。「話す」と同様，日本人学習者は「読む」であってもスピードの訓練が不足がちである。「実用」と銘打った英語検定でも，1分間に黙読で読みとることが要求される文章は2級で120語前後，3級で90語前後にしか過ぎない。

なによりも「実践的スキル」として忘れてならないのは，場面によってそうした読み方およびスピードを自由にコントロールする能力が必要とされる，ということである。つまり読む目的をはっきり意識して，それとの関係において読みをコントロールしていく能力である。第2部で紹介する活動に「読み」がプロセスの一環として組み込まれているものが多いが，その場面で求められている情報をその目的に合わせて，効率的に読みとる習慣をつけることをねらったものである。

3-4 書くこと

長い間ごぶさたしていた旧師に，近況報告を兼ねて同窓会の案内をしようとする実践的な書く場面を想定してみよう。実際に書く作業が完了するために，どのようなステップが踏まれるだろうか。

①書こうとする気持ちになる。
②どんなことを手紙に盛り込もうか思案する。
③思いつくままをメモのかたちで書き留める。
④手紙に必要である情報だけを拾い出す。
⑤選ばれた情報をどの順序に並べるかなど考える。
⑥段落の構成を考える。
⑦最初の下書きを行う。
⑧下書きの修正・追加・削除を行う。
⑨清書する。
⑩綴り・文字・句読点などのチェックをする。

　これを教室のライティング作業として最も一般的な和文英訳と比べてみよう。和文英訳では，書くという作業の⑦以降の作業しか行われていない。とくにそのライティングが評価の対象だとなると，教師の注目は⑩にいく。

　ところが，我々の日常的な書く場面を考えてみると，一番重要なのは①であり，②であり，次に③，④と続いてくるのである。そして，これはそのライティングの目的や対象によって大きく異なる。つまり日記としてのエントリーであれば⑤以下はほとんど意味を持たないし，就職に関しての自薦文であれば⑩は大変大きな意味をもってくるであろう。実践的ライティング能力というのは，こうして個別の場面にあわせて適切なプロセスを選択する能力が含まれているのである。平成10年度版の学習指導要領（中学）の「書くことの言語活動」の「(エ) 伝言や手紙などで読み手に自分の意向が正しく伝わるように書くこと」は平成元年版にはなかったもので，これについて同解説書は，「伝える内容を整理することに加え，相手との関係や相手の立場などを踏まえ，自分の意向を明確にした上で適切な表現を用いることが大切である」と述べている（平田，1999A，p.60）。

一方，インターネットを通しての交信が日常的行為になりつつある現在，交信者同士で交わされるメールは限りなく話し言葉に近づきつつある。教室内での「書く」作業についても，質から量への転換を求められている。学習したことを確認するために書くのではなく，書く行為そのものがコミュニケーションとして成立するような活動の場面設定が必要になってきているということである。

2 言語の働きと使用場面

　平成10年版学習指導要領の大きな特徴は、「言語活動の取扱い」の項をあらたに設けて、実践的コミュニケーション能力の育成という観点から、言語活動がより効果的なものになるために具体的な「配慮事項」を示し、さらに授業においてコミュニケーション活動を行う際の参考として言語の使用場面と働きを例示したことにある。「場面」と「働き」とは従来の言語材料の配列を基本とする学習指導要領の概念とは全く異質なものであり、多くの教師にとまどいをもって迎えられている。この「構造」「場面」「働き」の三者の関係は学習指導要領自体でも明確になってはいないが、実践的コミュニケーション能力を考えるうえできわめて重要な問題を含んでいるので、まず「構造」と「場面・働き」の２つに分けて対比させることから論を進めたい。

1 「構造」シラバス

　国定教科書時代を含めて、学習指導要領の示すシラバスは伝統的に言語材料の配列を基本とするものであった。例えば指導要領の「別表　言語材料」のところで「ウ　文型　(エ)　主語＋動詞＋間接目的語＋直接目的語の構文」とあれば、
①それは単一目的語の文型より複雑だから、主語＋動詞＋目的語

の文型が習得されたあとで学習する
②日本語の「誰それに何々をする」の構文に似ていてそれほど難しくはないだろうから，中学1年か2年で導入できるだろう
③there＋be動詞の構文などに比べれば英語の文型の基本に近いから，早い時期に導入してもいいだろう

などの予測が簡単につく。①は「複雑さの原理」と呼ばれる教材配列の基本的原則によっているし，②は「母語との比較の原則」で，対応する表現が母語にない場合（例えば現在完了形とか仮定法とか）は難と判断されて中級から上級レベルの教材に回される。③は「規則性の原則で」一般的なルールに沿った表現は早めに導入されるということである。

昭和時代の教科書では，実際の頻度と関係なく規則変化の動詞過去形が不規則変化の過去形より前に導入されていたのが良い例である（例えば日常的な過去形 came よりも liked が先に学習される）。また指導要領で上記の文型(エ)の下位項目が「a　直接目的語が名詞及び代名詞の場合，b　直接目的語が how など＋不定詞の場合」とあるように，aからbへと，学習を高次に発展させていく道筋もイメージしやすい。そして不定詞が直接目的語の位置を占めるとなれば，それが主語の役割を果たす場合とどう違うか，さらに副詞用法の不定詞とどう関連づけていくかなど，既習の文法概念の中で位置づけ，他の言語材料と有機的に組み合わせて指導の手順を考えることが可能である。

さらに，易から難への一元的配列は時制の扱いをみてもよく分かる。かつて学習指導要領は現在形を中学1年で，過去形を2年で，現在完了を3年で習得するように指定し，さらに過去完了形は高校1年レベル（英語A―昭和48年版），過去完了進行形は高校2年レベル（英語B）の教材だとしていた。いかにそれが言語のかたち（構造）に基づいた発想であるかよく理解できるであろ

う。

　もちろん中学校における言語材料の学年別配当，高等学校の科目別の配当は平成元年版で消えているが，中学校と高等学校との指定区別は現行版でも生きており，従来の配列順は大なり小なり各種検定教科書の中で踏襲されてきているから，英語の学習とは膨大な知識の体系を下から順番に積み上げて行くものだという観念，つまり構造シラバスが，日本の英語教師には強く植え付けられている。

2 「場面・働き」中心のシラバス

　前節の構造中心のシラバスに対して，言語の使用場面と働きは非常に分かりにくい概念である。学習指導要領（高等学校）は「言語の使用場面と働きについての基本的な考え方」として次のように述べている。

　言語の使用場面とは，言語が使用される具体的な場面のことである。また，言語の働きとは，言語が使用される具体的な場面において言語が果たす機能，役割のことである。コミュニケーションにおいては常に，言語が具体的な場面において，具体的な働きを果たすために使用される。したがって，実践的コミュニケーション能力の育成を重視する場合，言語の使用場面と働きを明確にとらえておく必要がある。

　そこで，授業においてコミュニケーション活動を行う際の参考として，言語の使用場面と働きの例を示すことにした。実際には，ある特定の言語の使用場面を選択し，その場面にふさわしい言語の働きを設定したり，あるいは逆に，ある特定の言語の働きを選択し，その働きにふさわしい言語の使用場面を設定

したりしてコミュニケーション活動を行うことになる。

　しかし，これとても一向にはっきりしないというのが一般的な受け止め方であろう。例えば「電話での応答」の場面で，This is Mr. Yamada speaking. といった言い回しを教えたところで，この現在分詞の使い方を他の場面での学習にどう発展させるのか，「質問する」といった「働き」は疑問文という「構造」と無関係に学習することが可能なのか，さらに大きな問題は「働き」だけを学習することによって，どんなスキルが獲得されるのであろうか。

　こうしたとまどいには，少々古いが，L. Newmark の「学習を邪魔しないためにはどうしたらいいか ('How not to interfere with language learning')」(1966) という刺激的なタイトルの論文がを参考になる。彼は「言語はリアルな場面・文脈の中でひとつのまとまりとして学ばれるものだから (Language is learned as whole chunks in a real context.)，学習者に提示する言語材料の文法構造を教材制作者が組織的に構成してやることは，必要でもなければ十分でもない」と主張する。それよりも，外国語習得も本質的に幼児の母語習得と同じであるから，誰でもが持っている言語習得の能力 (language learning ability) を助けるような言語使用の場面を提供してやれば十分である。言語形式の複雑さの順序とか，理論的発展性に意を用いるよりも，学習者に有意義な場面展開を考えるほうがいい。要するに言語の技能を習得してから (skill-getting)，からそれを実際の場面で使う (skill-using) のではなく，言語は使うことのみによって使い方を学んでいくものだ，と言うのである。

　この論文は構造主義言語学が最盛期で，言語の対比分析に基づく教材が人気を博していた1960年代に書かれているのであるが，

筆者も含めて言語材料の構造的配列を中心にした指導に馴染んできた者にはとんでもない提案に見えたものであった。当時大方の外国語教師は彼の主張を理解できず、違和感と戸惑いを覚えただけであった。それほど Newmark の提唱する教え方を理解するためには根本的な考え方の切り替えが必要であったのである。それはのちに「場面主義」「機能中心的」「コミュニケーション主導」などと呼ばれるようになった外国語教授法の新しい概念であった。言語の形式に基づく教材編集ではなく、意味とか機能とかに注目して言語の使用場面を整理し、指導にあたってはなるべく現実的なコミュニケーションを教室に持ち込もうとするものである。

　日本の学習指導要領に「コミュニケーション能力」が登場したのはつい最近平成元年版からであるが、上記 Newmark の論文から察せられるようにコミュニケーション場面を重視する行き方はヨーロッパではむしろ伝統的な概念であった。そして1970年代からは世界的に外国語学習論の中心的な流れになっている。現行版指導要領の趣旨をよりよく理解するためにも、「場面・働き」を中心に展開する指導法とはどんなものか理解しておく必要があるだろう。

3 「構造」と「場面」の対立

3-1 「構造」について

　まず、話を分かりやすくするために「構造中心」「知識重視」型の授業の極端なケースとして入試対策塾の授業を取り上げてみよう。目的とするところは言語に関する「知識」の体系である。

入試問題が「何ができるか」ではなく「何を知っているか」の問題で構成されている以上，知識をいかに効率的に獲得していくかが授業の関心事であるし，テキストの構成もそれに沿っている。同じ言語を素材とする授業であっても，このタイプの授業でコミュニケーションのスキルが学ばれることはまずない。

　それは入試問題を解くという作業は，コミュニケーション行動と基本的なところであまりにも違うからである。①前者は1点の失策が合否に影響するので，表現の正確さが要求される。後者では場面に応じた適切な反応が重要で，表現の曖昧さは他の手段で補っていくことができる。②受験技術から言えば正解を出すことよりもいかに「誤らないか」が重要なことが多いが，コミュニケーション場面では多少の言い誤りは容認されるし，即座に訂正することもできる。③前者の言語行動は常に受け身である。与えられた課題にいかに適切に反応するかだけが問題となるのに対し，後者は仮に相手の働きかけに反応するとしても，その反応によって相手を望む方向に導いて行くこともできる。④受験では即決即断を避けるのが常識だし，時間が許されれば見直しが当然である。一方，コミュニケーション場面で肝心なのは求められた場面で即座に反応することであって，それがどんなに不十分なものであっても，時を失してしまうよりはどれだけいいか分からない。したがって，受験技術の優等生が実際の言語使用場面で立ち往生してしまうのは当然すぎるほど当然なのである。

　ところで，学校の授業を議論する時に入試対策塾を持ち出すことは的外れだという異論もあろう。最近の学校授業は知識だけではなくリスニングやスピーキングも含めて運用能力養成にも注意を払っているという反論もあるだろう。とくに中学低学年では日本語を使わない直接教授法のテクニックが主流であったり，理屈抜きの口頭練習が主体の場合もあり，読解中心の受験塾の授業と

は大きく違っているからである。しかしここで問題にしたいのは，学校の授業が基本的に文法シラバスに基づいた教科書に沿って展開している以上，それは言葉に対する基本的な姿勢で入試対策塾と基本的には同じ立場にあることである。つまり教えるべき構造・形式の知識が先にあって，そのよりよい学習のためにさまざまな言語活動が試みられるという図式に過ぎない。前節で Newmark が主張した，まず場面を与えてそこで生じる言語行動を発展させていくという方式とは全く方向が異なるのである。例えば，互いに前日の行動を言い当てるというペアワークに熱中しているクラスがあったとしよう。それは一見コミュニケーション行為には見えるが，基本的には数個の過去形動詞でモデル・ダイアログを入れ換えただけの文型練習である。そこで訓練されているものはあくまでも動詞過去形の使い方であって，過去に関するさまざまな表現様式を主体的に選択して，発話者が本当に必要としている情報を引き出そうとする「話し込んでいる姿」とは大きく異なる。

　こうした言語の形式・構造を中心とした授業の進め方は，まず自然の言語（authentic language material）をその構成する無数の部品（例えば分詞・動名詞・不定詞さらには名詞用法とか形容詞用法とか）に分解して，それぞれの項目ごとに完全学習（例えば不定詞の学習が終わったところで不定詞のテストがある）が行われるように努力する。それからあたかも煉瓦を積み重ねていくように（additive and linear process）部品を足していって，全部の項目が網羅された時点ではじめて，学習者はどのコミュニケーション場面でも対応できる言語知識を身につけることになる（この意味で Wilkins (1976, pp. 1-14) は synthetic approach と呼んでいる）。その時点までは，学習者はいつまでたっても実際に使える能力を与えられているという実感が得られず，全項目学

習完了のレベルまで学習意欲を持続させるのはなかなか困難である。「実践的コミュニケーション能力の基礎」を育てるとするならば，初級なら初級なりで運用できるコミュニケーション・スキルを与えなければならないから，こうした構造主導型では限界があることは当然である。

3-2　「場面」について

　受験塾が構造・形式主導型授業の極にあるものだとしたら，次に「場面」中心主義の極端なものとして，海外旅行者のための英会話学校を考えてみよう。ここでの授業は税関にてとか，ホテルのフロントにてとか，場面ごとに展開していくし，そこで扱われる言語表現は形式の整合性よりも場面展開の必然性によって選択される。そしてその配列順も構造主導型授業ほどに固定されたものでなく，必要に応じて途中から始めることもあろうし，順番が逆転することもある。多くの場合，口頭による対話練習が主体になるだろうし，細部の正確さよりコミュニケーションの成立のほうに関心が寄せられる。つまり，あらゆる意味でこれは前者の対極にあると言ってよい。

　それでは「言語の使用場面と働き」に注意を向けさせようとする指導要領の趣旨は，こうした会話学校風の授業スタイルを唱道することなのであろうか。たしかに文法中心主義を脱却して実際の運用力の育成をねらった点では同じであるが，ちょうど学校が受験塾ではないのと同じように，指導要領の「言語の使用場面」を会話学校風の場面構成と同一視することは間違いである。注意しなければならないのは，同じ「場面」という用語であっても，学習指導要領の「場面」は会話教本などでの「空港にて」とか「朝食の食卓」などといった「場面」とは内容がかなり違うとい

うことである。用語の混乱をさけるために，会話塾での場面に「場面（話題）」と括弧をつけることにしよう。

場面（話題）中心シラバスは学習者が経験すると予測される言語経験のテーマごとに教材を組み立てるものであるから，その予測が不可能な一般的学習者向け授業者から見れば，具体的な会話場面を授業の中心に据えるやり方には欠点も多い。特定な場面でのきまり文句のようなものは覚えるであろうが，そうした表現は実際の場面で無限に変容するから，実際は期待されるほど役に立たないし，ただ暗記を強いるような教え方は，その表現の根底にある構造的ルールを明確にしないため，新しい表現を生成する力は育ちにくい。たとえば駅で切符を買う場面を想定した会話に習熟していても，格安運賃の切符を勧められた場合とか間違った切符を渡されて再発行を要求する場面とかに遭遇すると立ち往生してしまうのである。まして将来どのような場面で生徒が英語を使用するか特定できない状況で，たとえば税関での問答を習得しても何の意味もないのである。

中学校指導要領は「例」として，「a　特有な表現がよく使われる場面（・あいさつ　・自己紹介　・電話での応答　・買い物　・道案内　・旅行　・食事など），b　生徒の身近な暮らしにかかわる場面（・家庭での生活　・学校での学習や活動　・地域の行事など）」を挙げているが，「あいさつ」は別として，どの場面もある特定の表現や頻度の高い言い回しが想起できるようなものではない。さらに高等学校の指導要領では「(エ)　創作的なコミュニケーションの場面」の例として挙げている朗読，スキットなどが，「(イ)　グループにおけるコミュニケーションの場面」の例の中にあるレシテーション，ロールプレイとどう違うのか，また「(ア)　個人的なコミュニケーションの場面」の例示にある電子メールが，「(ウ)　多くの人を対象にしたコミュニケーションの場

面」の情報通信ネットワークと具体的にどこが違うのか，例示の仕方がきわめて曖昧なことからも分かるように，学習指導要領の意図は教材構成上の狭い意味での場面（話題）主義でないのである。『高等学校学習指導要領解説外国語編』が「実際には，場面の中で言語が使用されることが重要なのであって，場面そのものの設定が目的にならないように注意しなければならない」(p. 77)と述べていることを忘れてはならない。

そうだとしたら，なぜ指導要領は具体的な実体を欠いている「場面」をわざわざ例示するのであろうか。これを理解するためには学習指導要領が「言語の使用場面と働き」と一括して取り扱っているものの後者，つまり「働き」にも注意を払い，その三者の関係を総括的に再検討する必要がある。

4 「働き」

前節で「形式中心（受験塾）——話題中心主義（会話学校）」の一元的な座標の中で学校での英語授業を考えることは適切ではなく，指導要領の意図するところとも違うことを述べた。つまり，言語の形式でもなく，言語が使用される個々の場面（話題）を発想の起点にするだけでもない。視点を変えて，学習者がどんな目的で言語を使うかに注目して，コミュニケーションという場面でその言語がどういう働きをしているのか，という立場を授業構成の発想に加えよということである。

それでは，この「働き」とは具体的にどのようなものを指しているのであろうか。指導要領は「a　考えを深めたり情報を伝えたりするもの（・意見を言う　・説明する　・報告する　・発表する　・描写する，など），b　相手の行動を促したり自分の意志を示したりするもの（・質問する　・依頼する　・招待す

る ・申し出る ・確認する ・約束する ・賛成／反対する ・承諾する／断る，など)，c 気持ちを伝えるもの (・礼を言う ・苦情を言う ・ほめる ・謝る，など)」を挙げているが，例えば，「質問する」という働きは，代表的には「疑問文」という形式で表現され，「道を尋ねる」などといった場面で使われることが多い。しかし質問は疑問文のかたちを取らないことも多い。You came here yesterday? とイントネーション次第で平叙文でも質問の意図を伝えることができるし，Come with me? と命令文で「あなたも来る？」と尋ねることもある。また疑問文が必ずしも質問にはならないのは，Who else will help you in such circumstances? 「そんな状況で誰があなたを助けようか」などの修辞疑問文を挙げるまでもなく，Won't you close the door immediately? 「すぐ窓を閉めて下さい」と命令になったり，Could you please give me another chance? 「もう一度やらせて」と依頼になったりする。当然のことながら「道を尋ねる」という場面が，質問の発話ないし疑問文だけで占められるということもあり得ない。前節で比較的「働き」と「形式」が特定しやすいものとして「あいさつ」という場面を挙げたが，

A : Hi. Are you new here?
B : Yes, I am. How about you?
A : Me, too. My name is Kenichiro Watanabe. Call me Ken.
B : I'm Jack Theole, Ken. I'm from the United States.
A : Are you? Where do you come from in the States? I've just come back from Indiana, a small town named Terre Haute…
B : What a coincidence! I do come from that town.

といった一連の対話をみても，定型的表現や「自己紹介」という

働きが出現するのは導入の部分だけで、会話は一瞬のうちに無限の多様性に発展していく。

それで「形式」「場面」「働き」の三者の関係をよりよく理解するためには、次の図2のような模式図を念頭に置くのがいいであろう。実践的コミュニケーション場面にあっては、どの三者も他の2つなしには成り立たないのであるが、授業を組み立てる発想の起点としてそれぞれのアプローチを特徴的に扱うのは、議論の道筋を明快に示すうえで便利である。

　　　　　　　　1. 形式
　　　　　　　structural approach

　　　　　　┌──────────────┐
　　　　　　│ 実践的コミュニケーション │
　　　　　　└──────────────┘

　　　2. 場面　　　　　　　　3. 働き
　situational approach　　functional approach

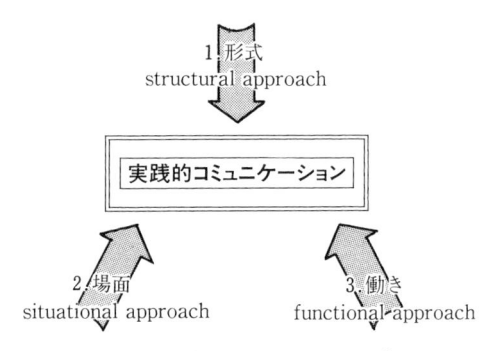

　　　　　図2　形式・場面・働きの関係

ちょうど文法・読解中心の外国語教授法が形式を発想の起点にし、会話学校の教材が場面（話題）を中心に編集されているように、1. と 2. のアプローチはきわめて分かり易いが、3. の「働き（function）」を発想の中心にした「機能中心的なアプローチ」（functional approach）はいささか説明が必要であろう。

まず次のような授業をイメージしてみよう。
①学習者はあるコミュニケーション場面に置かれる
②まず、学習者は非言語的手段も含めて既知の表現を最大に用いてコミュニケーションを図ることを要求される。

③場面に不可欠な語彙・表現形式が，必要に応じて教師から提示される。

④新語彙・表現はより適切に意思が伝達されるためのものであって，正確に形式を学習するかどうかは関心事ではない。

⑤学習者は試行錯誤を繰り返して，ある程度のなめらかさでその英語が使えるように練習する。

⑥学習者はそのコミュニケーションを発展させながら人との接触を深め，さらに上位の言語学習への動機を高める。

こうした授業は形式を念頭においた部分積み上げ方式でもなく，場面を固定し特定の表現を暗記し習慣づけるものでもない。その言語場面で最も有効に働く表現を不完全でもいいから積極的に使うことによって自然に会得していくことが期待されているし，その場面自体もコミュニケーションの必要に応じて柔軟に変化していく。こうした授業は中学・高校の英語教師にはなかなか理解困難であるが，たとえば幼児の英会話塾や子供向けテレビ番組などをイメージすると，その雰囲気が分かりやすい。つまり同じ言語機能がさまざまな場面で何度も繰り返し登場し，そのつど前回を復習するとともに一段上位の表現を学習することになる。いわば「薄紙重ね絵」方式とも呼ぶべき，螺旋的な (spiral / cyclic approach) 積み重ねの手法が使われる。

「許可を求める」といった機能を例にとってみると，まず最初の段階で OK?, All right? など一番適応範囲が広く，かつ特殊な意味合いを含まない中立的な表現 (unmarked / colorless) を覚える。他の機能のところでもこれに似た程度の初歩的な表現を一通り学習したあとで（たとえば「同意」で Yes., I agree., I think so, too. などを習得する），次に May I 〜?, Could I 〜? など，構文的に複雑で相手との人間関係をより配慮しなければならない表現に進む。そして他の機能のところでも同様なレベルの

表現を一巡したあとで,今度はDo you mind if 〜?, I'd like to 〜, Would you mind 〜,を学習する。そして最終的にはWould you be so kind as to 〜?, I should be most grateful if you permit me 〜.などの言い方にまで発展することになる。

コミュニケーション能力の優劣は,もともと場面の要求に合った機能をどれだけ豊富に備え,それを必要に応じて選択できる能力にあると言えよう。つまり初級と上級との差は,コミュニケーションができるかできないかではなく,そのでき具合の質によるものであるというべきである。

こうした考え方は,指導要領の文法シラバスやアメリカの構造主義言語学にに馴染んだ目には斬新に映るが,もともと植民地政策と結びついた実践的な外国語教育の伝統が強いヨーロッパでは,言葉は形式より,社会的な場面での働きを重視しようとする流れが強かった。とくに国家の経済文化の統合が急速に進展しているヨーロッパで,Council of Europeの依頼を受けた専門家のグループが言語のはたらきに重点を置くNotional-Functional Syllabus(概念・機能シラバス)を提唱したことはよく知られている。その考えはvan EkのThreshold Level (1976)に詳しいが,彼はその目標とする言語機能を,

> to survive, linguistically speaking, in temporary contacts with foreign-language speakers in everyday situations, whether as visitors to the foreign country or with visitors to one's own country, and to establish and maintain social relations.

と述べている (van Ek, 1976, p. 2)。

こうして,このアプローチは実践的コミュニケーション能力を養成しようとする時,従来の教授法では対応できなかった部分をもカバーするのである。

しかし，それには現実的な授業として問題が全くないわけではない。まず第1に，それは「働き」を柱に教材を組み立てるから，言語の形式面での知識，つまり文法を系統的に指導することが難しいという問題をはらんでいる。これは話題中心シラバスでも同様な問題が起こるが，この場合海外旅行のスタートから終わりまでとか，当該外国に移住した際の日常生活を時間を追って展開するとか，教材に一定の流れを作ることができる。仮に「依頼」という機能で柱立てした場合，Will you...? とI will..., さらにCan I...? がもっている構造的な類似点，あるいはI wonder if... とI think that... の間に見られる学習上便利な共通事項などを見落としてしまう。

第2に，コミュニケーション場面での意思伝達の成否を重視するために，逆に形式の上からも場面的適切さからも，もっと正しい正確な表現に注意が払われない危険性もある。いろいろな誤り，とくに文法的に不正確な表現が，そのまま訂正の機会を与えられないままに定着してしまいかねない。

そして第3として，学校での英語授業を想定した場合，最大の問題になるのは評価に関して客観的な基準を持ちにくいということである。コミュニケーションの成就，および時間的な要素はひとつの目安になるが，どの程度に場面の必要に応えたかは主観的なものであり，一般的なペーパーテストで評価することがきわめて難しい。特定のコミュニケーション場面を設定した上で自由度の高い発話を求めるといった課題は，最終的な到達度を計るテスト（たとえば大学入試の個別試験）では可能であるが，日常的な学校の授業においては，「働き」の習熟度合いを小テストで確認していくことはなかなか難しい。

この3つの問題のどれをとっても，機能を前面に押し出したアプローチを学校の外国語授業で採用するには大きな障害になるも

のばかりである。しかしそれが大きな問題にならないのは,「言語の働き」という文言がどうであっても,学習指導要領の本音は実践的コミュニケーション能力のみを学校の英語授業に求めているわけではないという暗黙の了解があるからでもあろう。教師も生徒も従来型のアプローチに固まっている日本の学校で,「働き」を中心に教材を並べ,かつ機能中心に授業を展開せよと説いてもあまりに現実的ではない。だいたい学習指導要領が中学,高校の学習範囲を依然として「言語材料」で振り分けており,言語活動は言語材料の習得のためだとする態度を取っている以上,純粋に機能中心で構成された検定教科書ができるはずがないのである。

結局,「言語の使用場面や言語の働きを取り上げる」が言語活動での配慮事項にとどまっていることからも分かる通り,学習指導要領の真意は言語の知的理解に大きく偏っている現在の傾向を,少しでも場面,働きを加えたバランスのとれたアプローチに近づけたいということであろう。現実的な解決策としては,構造・形式を基本にした教材の学習を学習者に意味のある場面のなかで練習し,「働き」については,学期の節目ごとに到達すべき行動目標をかかげ,それに関連した活動を別個に組むというやり方はどうであろうか。第2部第3章には,そうした展開で使える実例を示してある。

現在でも教科書をいくつかの大きな単元にくくって,「自分のことを紹介することができる」「地域について説明することができる」「対話を3分継続できる」などを目標として意識的に指導を行っている学校がある。いわば教師から生徒や父母に対する公約として,「〜ができる」と目標値を明確にしておくのである。「実践的コミュニケーション能力」とはもともととらえどころのない概念であるだけに,こうした多角的なアプローチが必要であろう。

3 実践的コミュニケーションへの道筋

1 機械的ドリルから教室外言語の間

　平成10年度版学習指導要領は言語の使用場面・働きの概念を導入して，より現実的な言語使用に習熟させることをうたっている。しかし教科書はさまざまな工夫にもかかわらず，基本的に構造の難易度によって配列された言語材料に基づいている以上，実践的コミュニケーション能力へ至る最も現実的な方策は，「かたち」の習熟に注目した練習からスタートして，徐々に「意味」への関心を高めていくことであろう。これは別の言い方をすれば，1つの句表現，1個の文を単位とした練習から，そのコンテクスト全体に目をやり，場面や話題に適切な表現に発展させ，かつ他の表現と有機的に関連づけていくことを意味している。そして前章で提案したように，それとは別に各単元の節目，あるいは学期の終わりに，言語の使用場面や働きを正面から取り上げた活動を組んで，「～ができる」といった実効感を生徒に与えることであろうと思われる。

　つまり日々の授業では，スタートとしては形式の習熟に専念する機械的ドリルがあり，究極的目標としては教室外のリアルな言語使用がある。この両者をつなぐ活動のタイプとしては一応3つのレベルが考えられる。すなわち，

①いわゆる「言語活動」のレベル（現場では往々にしてコミュニケーション活動と呼ばれるもの）
②タスク活動のレベル，これはさらにタスク活動A（タスクの成就をもって活動が終了するタイプ）とタスク活動B（タスクの成就は適切な表現形式を伴ってなされなければならず，創造的発展の可能性も与える）に分けられる。
③実践的コミュニケーション活動（話し手と聞き手のinteractionに関心が払われ，創造的要素に大きく配慮する）

に大きく分けることにしよう。①から③への流れは，形式から意味への関心が漸進的に大きくなっていくことであるが，表現形式はそれと対応して，定型から自由で創造性に富んだものへと進み，

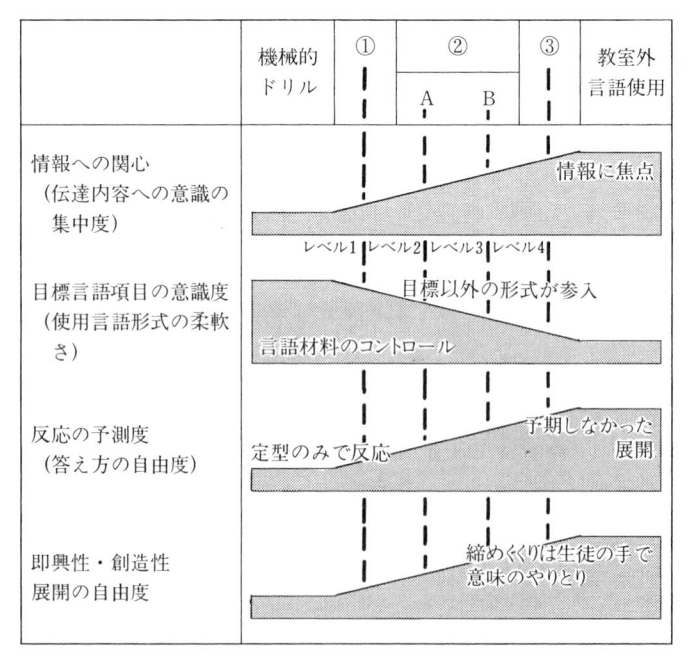

図3　3つのレベルの模式図

当然活動の展開は次第に予測できないものになっていく。それらは言語材料のコントロールが次第に減少していくことと表裏の関係にある。これを図示すれば前ページの図3のようになる。

2 コミュニケーション活動以前──機械的ドリル

　言語構造主導型の代表選手とも言えるオーラル・アプローチにあっても，substitution（置換），conversion（転換），expansion（拡大）から成る文型練習のあとに，selection（選択）という活動があった。これは文脈に即してある意味，ある場面を表わす英文を話者が主体的に既習構文の中から選び出すことを意味しており，現象的には生徒同士のコミュニケーションをねらったペアドリルに近いものである。

　Have you been to Tokyo before?
　Yes, I have. I have been to Tokyo before.
　Have you been there with your family or with your friends?
　I have been there with my friends.
　Where have you been with your family, then.
　I have been to Kobe with them. 　など。

　しかし，ここでの命題は経験用法の現在完了形という「かたち」の練習であって，コミュニケーションを介しての生徒間ラポートの成立ではない。練習の関心事はいかに効率よく文型を習得するかにあるから，対話者は，(1) Yes-No question, (2) Or-question, (3) Wh-question の順で文型を重層的に発展させていくことが求められている。

　だからここでは「東京へ行ったことがあるか」の質問の必然性が問題にされることもないし，それが家族旅行であったかどうか

知らなければならない必要も吟味されることもない。生徒全員が前年修学旅行で東京へ行ったという事実があるなら，ここでの対話は新情報の交換というコミュニケーション活動の最も基本的な部分を欠いていることになる。たとえ東京へ行ったとしても，その時何を見たか（What did you visit?），どう感じたか（How was it?）を尋ねるなどの自然な対話の流れは，過去形の表現（当面の練習目的ではない）になるからという理由で避けられている。まさにこれは controlled conversation（統制された会話）と呼ばれたように，特定の言語形式に習熟するための活動にほかならない。構造中心型オーラル・アプローチでは，このあとに free conversation と呼ばれる既習文型や語彙に拘束されない自由な対話練習が継起することになってはいたが，実際そこへ辿り着くことがきわめてまれであったのは，そうした言語観自体に根本的な違いがあったためである。

3 ステップ1 —— 言語活動

1枚の写真を見せて，

Have you met this gentleman / lady / boy / girl?

No, I haven't. Who is he / she?

He is my father / mother / aunt / uncle / brother / sister.

その人物が何かをしているもう1枚の写真を見せて，

Have you seen this picture before?

No, I haven't. What is he / she doing?

He is washing his car. Have you washed a car before?

Yes, I have. / No, I haven't.

という対話を行うことがある。上記は，ある中学2年の研究授業で提示された,「家族を紹介しよう」という単元でのあるコミュ

ニケーション活動である。対話者間に情報の差があり，そのギャップを埋めようとする態度が両者に存在している（写真の人物を特定したいという紛れもない意向が生徒にある，という前提のうえで）から，一応コミュニケーションとしての最小限度の条件をクリアしているように見える。しかし対話が効率よく進行するために，事前にモデルが徹底的に練習されているとか，質問の手順が厳密に決めてあるとか，反応として生徒が選び得る発話のチョイスを少数に絞ってあるところに注目すれば，前節でのcontrolled conversationとあまり変わらない。ここでは現在完了形という目標構文の練習のために，相手の家族のことを知ろうという情報伝達場面が用意されたというに過ぎない。肝心なのはどれだけ正確に目標構文が駆使できたかであって，そこで獲得された情報は二の次でしかない。

　こうして従来，コミュニケーション活動ないしは言語活動と呼ばれてきたもののなかには，表面的行為は情報の授受であっても，教師そして生徒の関心はそこで使用される言語形式に向けられているようなものが多かったのである。もちろん「実践的コミュニケーション能力」に至る出発点として，教師のコントロールがきわめて強い言語活動の重要さは否定されるべきではない。言語活動の文言が指導要領に登場して30年以上もたち，数多くの実践例が発表され，書物も編纂されている。目標構文の習熟のために，その言語材料をコミュニカティブ風に料理することが得意である教師が多く育ってきている。「授業のアイディア集」といったコミュニケーション活動と称するものの多くは，この仲間に入る。これはこれで必要な活動ではあるが，もっと異質な，自由で創造性に富んだコミュニケーションを展開させようというのであれば，もう一歩，意識の改革が必要である。

4 ステップ2 ── タスク活動 A

　タスク活動もコミュニケーション活動の一類型であるが，とくにその言語を用いて達成しなければならない課題を遂行し，その行動目標を達成することで活動が終わるタイプである。したがって，そこには必ず達成すべき明確な行動目標が存在するし，学習者の関心は，何を話したかより何を情報として得たかに向けられることになる。またそれはコミュニケーション活動の1つであるから，コミュニケーションが成立するための一般的条件，つまり，①意味内容の伝達であること（message-focused），②聞き手と話しての間に情報（量）の差が存在すること（information gap），③対話者同士で自然にインタラクションが生じ，意味のやりとり（negotiation of meaning）が中心であること，④そこで授受される情報が当事者にとって意味のあるものであること，なども兼ね備えなければならない。とくに④は教室内のタスク活動にとってきわめて重要であり，学習者の興味や関心に合致した活動のテーマを豊富に用意しておく必要がある。

　教室内での活動を本当に生徒たちの興味をそそるものにするには限界があるため，通常はゲーム的要素を導入させたり目標達成の速さを競わせたりする。たとえば，百万円あったら何に使うか，で仮定法の文を読むことは面白くもなんともないが，「ギャンブルをしたい」「スポーツカーを買いたい」「ヒマラヤに登りたい」などの文が，生徒たちに馴染みの先生とのアンケート結果で，どれが誰の願望かを当てるように活動を組めば，とたんに学習は活性化するし，数々の対話を通してどの班が最初に全問正解に到達するか競わせれば，自然に生徒の発話の音量も大きくなる。

　なお，上記①～④には，活動に使用する言語形式についての言及が一切ない。教師がある目標構文を念頭において活動を組むこ

とがあっても，生徒が活動の中で表出する英文の形式・語彙に教師の側から注文をつけることはしない。場合によってジェスチャーなども援用し，不完全な英文を使ってもいいから，与えられたタスクを完了することがこの活動の特徴である。この意味でこれを次節と区別して，タスク活動Aと呼ぶことにする。

　これを具体的な例の中で説明しよう。

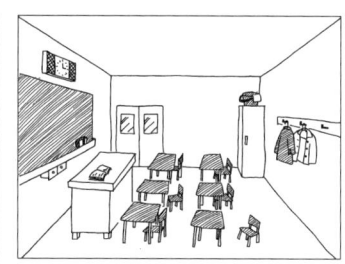

生徒：Jackets.
教師：What's about jackets?
生徒：No jackets. No, not a jacket.
教師：Oh, do you mean one of the jackets has disappeared?
生徒：Yes. And there is no poster on the wall.
教師：You're right. Someone has taken away the poster.
生徒：Another chair is there.
教師：You have a good memory. The number of the chairs has increased from five to six.

　これはOHPで左の絵を見せたあと，10分後の教室だという別の右の絵を示して，その変化を指摘するという記憶をネタにした言語活動である。本来これは現在完了の練習のための活動であるが，生徒の発言は語句のレベルに止まっているか，文としては不完全な発言に終始している。しかしこれでも情報のやりとりという点から見ると，必要な情報はきちんと教師に理解されており，

使用する言語形式をそれ以上適正なものにしなければならない理由は，生徒側にはないのである。

つまりここでは，コミュニケーションの連鎖を完成するために，一方の意図（伝達すべき情報 ideational meaning）を相手に過不足なく伝えることができれば目的は果たされたことになる。どのような表現形式を使うか，どんな語彙を用いるかは関心事ではない。場合によってはその表現が文法的に正しくなくても，さらに状況次第で非言語的手段を援用しても許されるのである。この意味で，前節で取り上げた「かたち」重視の言語活動とはまったく違った発想に立っていることになる。ここでは，その言語行為によって意図した「働き」がきちんとなされたかどうかが関心事であるから，Littlewood はこタイプを functional communication activities と呼んでいる。

こうした活動は information-gap を利用した言語ゲームで典型的に見られるタイプで，結果が絵の照合であったり，地図上での位置づけだったり，犯人さがしの活動であったりしても，究極的には双方の情報のギャップを埋めて，目標として設定した作業が完了すれば活動は成功したことになる。目標に至る過程は問われないのである。応答には一定の枠がはまっていて，たとえば一方の質問に対してただ Yes / No だけで応えるとか，尋ねられたことのみに反応するとか，それがまたゲームの重要な要素になっている場合もある。一方の応答にさらに他方が反応して対話を展開していくというインタラクションの局面は期待されていない。基本的には単発の質問－応答のサイクルでコミュニケーションが進行するから，特定の表現や語彙に依存する可能性が高く，教師の援助も入りやすい。

したがって，このタイプは一応コミュニケーションのかたちにはなっているが，内容的には自発的で柔軟な実践的コミュニケー

ションとは大きく違い，対話者の場面に対する態度は基本的に受け身であり，この活動に必要以上に時間を費やしていると生徒は急速に動機を失って興ざめしてしまう。

5　ステップ3──タスク活動B

　前節のタスク活動Aの条件①〜④は全て意味とかメッセージに関するものであるが，それに「コミュニケーション場面に適切な表現形式を用いること」という条件を加えると，タスク活動Bになる。つまり単に練習中の構文を用いていち早く与えられた課題を達成するだけではなく，それまで学習したさまざまな構文・語彙等を課題との関連で選択し，目的に応じて使い分けることが必要になるように活動を組むのである。当然それは即興性・創造性が発揮されることになり，コミュニケーションの成立条件の③（インタラクション）が強く意識されるようになる。

　前節の活動が次のように展開していく場合を考えてみよう。

生徒A：There is no poster on the wall.

教師：You're right. What happened to the poster?

生徒B：Someone has taken it away.

教師：But why?

生徒B：Because it carries a pretty picture of some young idol.

教師：That's interesting. A similar thing happened in our class when I put up a calendar that had a portrait of Momoe Yamaguchi.

生徒C：Do you mean that old poster that was there? You're wrong. The poster became too dirty. So we threw it away on cleaning day at the end of the last term.

このタイプになると，単に求められた情報を的確に伝達しているだけでなく，さらに別の情報を加え，より高次な話題へと発展している。これは，いわゆる negotiation of meaning と呼ばれる機能で，話者と聞き手が対話のなかで起こるコミュニケーション上での問題に対して，互いに両者の受け止め方のずれを修正していく過程である。例えば，教師がなくなったポスターに言及したとき，Do you mean that old poster? のように，相手の情報を自分の言葉で言い直したり，情報を追加したりする。教師対生徒の対話の場合には，理解されない語句に対して別の言葉で言い換えたり，もっと詳しく説明したりもする。つまり両者が積極的にコミュニケーションを深めようとすることで，そのインタラクションの要素はいっそう強くなるのである。

当然それは教師がお膳立てした会話のパタンからはずれていくことにもなり，定型的表現からより創造的な言語使用へと展開していく。モデルとして示した表現が使われない場合も多くなる。前項で言及したインフォメーション・ギャップの活動であっても，単に求められた情報を提供するだけでなく，その情報をより正確に理解してもらうために，語彙や表現の言い換えが盛んに行われるようであれば，発展的情報を求めるこのタイプに入る。レゴを組み立てたり，2つの画面の違いを見つけたり，地図の一点に相手を誘導する対話では，こうしたタイプの言語活動に発展させていくのは難しくない。

この意味で，これは実践的コミュニケーション場面により近い活動と言える。しかしここでも活動に参加している生徒，指導する教師の関心の中心を成しているのは，その対話が目的としている情報がきちんと授受されているかどうかである。例えば地図で相手を誘導する言語活動の場合，最短時間で能率的に目的地に到着することがねらいであるから，情報が効果的に伝達されるため

には，短い命令文の繰り返しや，単語の羅列になってしまうこともある。ゲームの要素が強いペアワークでは熱中した両者が対話をどんどん発展させていく場面を見るが，対話者同士の意図は，あくまでも与えられたタスクの完成であって，その派生的なコミュニケーションはつけ足しに過ぎない。

　この意味ではタスク活動Aもタスク活動Bも基本的に同じであり，実践的コミュニケーションに発展するには，そのコミュニケーションが起こる必然的な状況をしっかりと形づくっておかなければならない。つまり活動の中心が情報の授受である以上，そのペアないしグループにとってやり取りしなければならない情報が存在しなければならない。その情報が対話者同士に意味のあるものであればあるほど，創造的で独創的なコミュニケーションへと展開していく可能性が高くなるのである。

　しかし，タスク活動には共通して次のような問題点を指摘することができる。

①ある事実に関する情報を交換してタスクを完成させるタイプが圧倒的に多くなるから，「あいさつ」「招待する」「許可を求める」「申し出る」といった人間関係が成立して，深まっていくためには不可欠な言語の働きを組み込むことが難しい。

②同様な場面が教室外で起こることは考えにくい。たとえば，違った絵カードを持ち寄って１つのストーリーを作る，などということは実社会ではあり得ない。情報伝達を主目的としたコミュニケーション活動が言語ゲームのかたちなっているのは，ゲームの勝ち負けを争うという点において，その言語活動が教室内で意味をもつからである。したがって，場面としては多かれ少なかれ人工的なものになってしまう。

③教室内で無理矢理設定した場面だということは，その場面の社会的場面づけが与えにくいということにもなる。おなじ道を尋

ねる行動にしても、実際の会話であれば対話相手との人間関係の距離に応じて表現が選択されるし、その選択を誤ればコミュニケーション自体が成立しないということはよく起こる。しかし情報伝達のみに関心がいくタイプの活動では、その場面での役割を指定することが難しく、仮に「〜のつもりで」と指示しても、役割に特徴的な言い回しを自発的に選択させることが困難だ。

したがって、真に実践的コミュニケーション能力に発展させていこうとするならば、言語行為の持つもっと広い意味にまで視野を広げていかなければならない。

6 ステップ 4 ──実践的コミュニケーション活動

コミュニケーションは情報の伝達のためだけのものではない。むしろそのコミュニケーションによって、当事者同士の人間的接触を深めるところに目的があることも多いはずである。「良いお天気ですね」などのあいさつは、まさに情緒的共感のためだけにあるコミュニケーションの代表的な例である。つまりコミュニケーションが実践的であるためには、情報の交換が行われ、その場面が求めているタスクが完成されたかどうかだけではなく、その情報交換のされ方が場面的に妥当な姿であったかどうかにも関心が払われなければならない。

妥当な姿だということは、情報の内容 (ideational content) だけでなく、言い回し、語彙の選択、音調、そして表情・ジェスチャーのような非言語的要素も含めて、場面が要求する条件に最も効果的に対応したものでなければならない、ということである。そのためには、双方の人間関係も視野に入れなければならないし、当然場面も具体的で個別的なものにならなければならない。そし

て発音には外国人なまりがあったとしても，許容範囲のものでなければならない。初対面の人には収入などは尋ねない，女性とは年齢を話題にしない，など社会的習慣に属することも，この種の活動では配慮しなければならない。Littlewoodはこのタイプをsocial interaction activitiesと呼んで，前節の情報伝達型言語活動と区別している。本書で「実践的コミュニケーション活動」と称するものには，こうしたsocial interactionの要素も組み込まれていると理解していただきたい。

　具体的には，お互いの情報の不足部分を補って1つの作業を完成させるだけではなく，その得た情報を分析したり，評価したり，補足したりする。生徒は表面的な情報だけでなく，その内部まで踏み込むようになるから，そこで交わされる言語はますます定型から離れ，予測することが困難になる。相手の感情を阻害しないで遮ったり，否定したり，代案を出したりするなども活動の重要な側面になる。例えば不完全な絵を完成させたり，順を並べ替えたり，漫画のコマを並べ替えたりする。物語の断片を組み合わせてオリジナルのストーリーを再現する，数人の刑事が聞き込みの結果をつき合わせて容疑者を絞り出していく，などの活動もよく使われる手段である。

　コミュニケーションに参加する生徒は，その対話の架空の役割を演じることになるが，場面の設定がきわめて具体的でリアルに設定してあるため，あたかも劇中の人物を演出しているつもりで役割を演じる。そこでは既定の「せりふ」を超えて，設定した役柄の演出のために自由で発展的な発話が続出する。そして場面の設定にしても，教師は概略だけを与え，場面展開や役付けは生徒にまかせることができるようになる。休日の過ごし方について，直接本人にとって必要な情報を求めるとか，配布された列車の時間表を持ち寄って，各自が旅行計画を作成するなどもいいだろう

し，中古車を買うことになった1人に，各自持っている情報を寄せ合って車種やディーラーを推薦するなどもいい。improvisation の度合いがますます高くなる。

　本章第4節の OHP で投影された図を用いての活動を例にとれば，同じ趣旨の活動を次のように実際の教室で行うのである。

　教師は前もって教室から前日は存在していたものを持ち去っておく。

　教師：I like this class and love this classroom. It is so well positioned that we can see the beautiful greenery in the park. Do you like the room, too?

　生徒：Yes, I do.

　教師：But don't you see something different about the room today? There is something that is different from yesterday. Can you tell? Why don't you discuss with your partners first.

（生徒は隣同士でがやがや話し合う）

　生徒：It must be the photo album on the top of the bookcase.
　　　　No. I already saw that yesterday.
　　　　Then how about the inside of the bookcase. The books have been neatly arranged. など。

　教師：Well. Speak out what you thought.

　生徒A：The bookcase. It has gotten cleaner than yesterday.

　教師：Maybe you're right. Someone did a good job cleaning it. But what I mean is something missing today that was here yesterday.

　生徒B：Then is it the flower vase?

　教師：No. It's been gone for some time. Someone broke it last week or the week before last.

生徒C：The trophy we won in the inter-class volleyball games this spring.

教師：Yes. I returned it to the sports event committee. They are working on the fall session of volleyball games. Are you going to win it again?

生徒全員： Sure. We'll win it again.

　つまり，対話者同士のインタラクションが中心的な比重を占めるところが，第4節のタスク活動と大きく異なる点である。そして上例で見るように。このタイプの究極の姿は，教室そのものをコミュニケーション場面として使うのである。遅刻のいいわけと嘘を見破る対話のテクニック，宿題が間に合わなかった生徒と怠け心をとがめる教師との対話，突然に停電したらどうする，地震がきたら一番に持って逃げるものは何か，その理由は何か，など場面がリアルであるだけ，実践的コミュニケーション能力として完成度の高い言語能力が要求される。

第2部

ステップアップの例示

第2部では，第1部第3章で扱った文法や構造の習得に主眼を置いた学習活動から，実践的コミュニケーション能力へステップアップしていく道筋を，具体的な項目の指導を例として取り上げて解説していくことにする。パターン習熟のためのドリル的な練習は教科書や教材で提示されるコンテクストと密接につながりがあり，教師にとって馴染み深いものであろうから（第3章第2節で「コミュニケーション活動以前」としたもの），ここでは，その次にくる言語活動的な要素をもった指導から取り上げることにする。活動として例示するのは次の4つのタイプである。

　ステップ1：多少なりとも意味のある場面の中で行われる「かたち」習熟のための活動。基本的には文型練習であるが，そこで交わされることばがその対話の参加者に意味を持つように工夫されたもの。第1部第3章第3節で従来型「言語活動」と呼んだもの。

　ステップ2：「かたち」の習熟より情報の伝達に注意が集中するタスク達成のための活動。タスクの成就だけが生徒の関心事であるため，そこで交わされることばそのものには十分な注意が払われない。第3章第4節でタスク活動Aとした。

　ステップ3：タスクの達成が場面にふさわしい「かたち」を伴って実現する活動。コミュニケーションとして自然な展開や発

展が組み込まれているもの。第3章第5節でタスク活動Bとし，対話者同士のインタラクションにも配慮したもの。

　ステップ4：実践的コミュニケーション能力に至る究極的な指導として，インタラクションや「意味のやりとり」(negotiation of meaning)が大幅に機能するように作られているもの。言語情報の授受に限らず，言葉の社交的機能にまで踏み込んでいるもの。

　それぞれのステップでの活動の要点，そして，特に注意しなければならない活動の注意点などを具体的に解説していくつもりであるが，それぞれで例示している活動は本書の趣旨を理解していただくために作られたものであって，現実の授業場面ではかなり異なった展開になることは必至である。生徒の発話例として挙げたものについても，「そんなにうまくいくはずがない」と思われることも多かろうが，示したものはあくまでも理想的な展開であって，現実の場面はそれぞれの学級が有する学力のレベルで大きく違ってくるはずである。とくに上級のステップでは対話者同士のインタラクションが占める割合が多くなり，相対的に教師のコントロールは減少する。生徒のレベル，授業者の個性，学級の雰囲気によって大幅に変容するのは当然である。したがって，ここに示すものは実践的コミュニケーション能力へ至る道筋の1つ

の例であって，実際には教師は以下さまざまな例からヒントを得て，独創的な授業を創造し，独自の道筋で実践的コミュニケーション能力へと迫って欲しい。

　ステップ3と4の成否は言語形式の束縛から自らを解き放すことにある。使用言語に初級，上級の区別はあっても，自由で創造力豊かな活動を生徒と共に作り上げる楽しみを経験して欲しい。

　第1章では中学校の指導要領が示す言語材料を中心に，第2章では高等学校での言語材料を主として取り上げたが，あくまでも相対的なもので，学習指導のヒントを得るという点においては1章も2章も変わらないであろう。扱った言語材料は例示であって，中学・高校それぞれのレベルを網羅しようとしているわけでない。第3章では発想を変えて，指導要領の言う「言語の使用場面と働き」という切り口から実践的コミュニケーション能力に迫る活動を用意した。一応，レベル1は中学校を，レベル2は高等学校を想定しているが，ここも上述と同様，現実の展開はその特定の教室が決めることである。例示した活動は，提案されているアイディアを具体的にするためのモデルに過ぎない。

1 中学校の言語材料を例に

1 過去形の指導

1-1 ステップ1「私は何」

教師は左手のジェスチャー（または左向きでの動作）を過去とし，右手（右向き）は現在を暗示するものとして，次のように話しかける。

What is this?（絵カードを裏返しにして示す）

It is green.（右向きで）But it was black.（左向きで）It was small.（左）It had two legs.（左）And now it has four legs.（右）It had a tail.（左手でジェスチャー）But it doesn't have a tail now.（右）It lived in the water.（左）It couldn't jump. But now, it can jump. It can swim and jump!（右手でジェスチャー）

What is this?

Yes. You're right. It's frog.

The second question.

What is this?（蝶の絵カードを裏返して見せる）

It is pretty.（右を向いて）But it was ugly and scary.（左を

向いて) It has wings.（右手でジェスチャー）It had no wings. It had prickly hairs.（左を向いてジェスチャー）It lived on plant leaves.（左手で教室内の植物を指す）Now it flies flower to flower.

What is this? Can you tell?

Yes. It is a butterfly.（絵カードを表にして見せる）

（一部，大石かなえ氏（ぽーぐなんイングリッシュスクール）の実践から）

　上記は児童英語の活動例として紹介されたものであり，きわめて初歩的ななぞなぞゲームである。右手と左手で現在・過去を対比するやり方は，today / yesterday, young / old, small / tall (big) などの生徒でも知っている形容詞・副詞のペアを用いれば理解は容易である。もちろん can / could, have / had などの語は認識できないが，時制に関して別表現が英語には存在するのだという意識を生じさせることが，この活動のねらいである。同じく prickly とか scary などが分かるはずはないが，こうした未習語彙についてはジェスチャーや画面で説明し，それが無理であったら理解を期待しないで使用することにする。

　ここには生徒の表現活動は一切含まれていないが，表出 (production) の前には十分な認識活動 (recognition) が必要であるという観点から，warm-up などを利用してこうした活動を十分に与えておく。インプット理論でよく強調されるように，初めから表現活動を期待すると，気軽に自由に思いついた英語のフレーズを口にするというコミュニケーション活動で一番必要な教室での雰囲気を壊すことになる。

1-2 ステップ2 「ひとりにしないで」

1. クラス全員を起立させる。

2. Did you watch the news program? Those who watched the news program, please sit down. But those of you who watch news programs almost every day but not yesterday, please keep standing. などと言い,過去形なら着座していいが現在形なら立っているというようにする。現在形・過去形の違いに注意するように呼びかける。生徒の理解によっては日本語による説明も加える。

3. Those who got up late this morning, Those who get up late almost every day などのように,以下,時の副詞(yesterday / every day)は言わないから動詞に注意するようにと宣言して,Those who played baseball, Those who play baseball, Those who washed dishes, Those who wash dishes, Those who listened to music, Those who listen to music, Those who went to juku, Those who go to juku, などと言い,そのつど該当の生徒は着席していく。

4. 最後は,それまでの英文のどれにも合致しない人が残ったままで立っている。

教師:Well. I have no idea. Please help me with your words.
生徒:Take a bath
教師:"Take a bath" or "took a bath"?
生徒:Took a bath.
教師:OK. Those who took a bath yesterday.
(数人の生徒が座る)
生徒:Take a walk.
教師:That's a good idea. Those who take a walk almost

every day.

など，次々と生徒の発言を求めて，現在形ないし過去形で全体に語りかける。

全員が着席したところで活動が終わる。

これもきわめて単純なゲームであるが，起立していた者が英語の発言によって次々着席していくというダイナミックな動きがあるため，単調になることはない。後半では生徒の発言を求めることになるから，ある程度日常的な動作を表わす語彙を習得していないとゲームに参加できないが，教師が意図する時制で言い直すことになるので，うろ覚えの知識でも十分役に立つ。

なお，起立した生徒を徐々に座らせていくこの「ひとりにしないで」のゲームは，他の言語材料であっても知識の確認に大変便利で応用のきく活動である。

2　不定詞の名詞用法

2-1　ステップ1「同じ仲間をさがせ」

1.　生徒全員に次ページの表を配布。左側の動詞と上段の句を組み合わせた表現に対して，強く肯定する気持ち（very much）なら◎，そこそこ（a little）なら○を該当する欄に書き入れる。ただし各記号はそれぞれ5個までしか使えず，したがって表には10個の空欄が生じることになる。

	study math	swim in the ocean	stay home alone	read books	visit the dentist
love					
need					
want					
hate					

2．ペアの片方 A は自分の表で空欄になっている部分をみて，You love to study math very much. と言い，自分の表のその場所に×をつける。同時にペア B も自分の表の同じ部分に×をつける。very much / a little の部分が食い違っていたら（つまり×をつける場所が◎であったら），△を入れる。

3．続いてペアの B が自分の表で空欄のところを用いて，You don't like to visit the dentist very much. などと言い。上例同様に×または△を記入する。

例えば下のようになる（2回戦までの進行状況）

ペア A

	study math	swim in the ocean	stay home alone	read books	visit the dentist
love	×	◎			
need	○	×	◎	○	
want	◎	○		◎	
hate	○		○		◎

ペア B

	study math	swim in the ocean	stay home alone	read books	visit the dentist
love	⊗		◎	◎	
need		⊗	×		◎
want		○	◎	○	○
hate		◎			×

4．互いに8個の英文を言ったところで終了。×のつかなかった（つまり相手の攻撃に無傷で残った）◎は4点，○は2点，△のついたところは半分の点数になる。合計点の多い方が勝ち。

いわゆるバトルシップゲームと言われる類型に入る言語ゲームである。限られた文型の中での選択であるが，◎，○をつけるところはきわめて初歩的な自己表現と考えることもできる。相手の性格を考えて You love / want / need / hate to 〜の文を読むことも，単に無機的な英文を読み上げるのとは異なったコミュニケーション上の意味がある。

2-2 ステップ2「私の相性」

1．クラスを同数の男役，女役に分け，「あなたと相性のいいデートの相手をさがしなさい」と言って，それぞれに男役，女役のカードを1枚を与える。（クラスの中で3〜4人が同じカードを持つことになる）

男役のカード

I am Jack. I like team sports. I also like to play mahjong at home. I always want to watch serious, cultural programs on TV. I love sushi with green tea very much.

I am Tom. I like team sports. I like to go hiking on holidays. I always want to watch serious, cultural programs on TV. I love Japanese food like rice with tempura on it.

I am George. I like team sports. I like to watch birds in the fields. I always want to watch entertainment programs on TV. I like sukiyaki very much.

I am Ken. I love individual sports. I like to go fishing on holidays.
I always want to watch entertainment programs on TV. I love hamburger and potato chips.

I am John. I like individual sports. I like to read books on holidays. I always want to watch entertainment programs on TV. I love beef steak and salad.

I am Sam. I like individual sports. I like to take care of flowers in my garden. I always want to watch serious, cultural programs on TV. I love steak very much.

女役のカード

I am Maggie. I am crazy about basketball. I like to stay home on holidays. I am fond of documentary films. I usually choose to eat at a Japanese restaurant.

I am Mary. I am a fan of football. I like to go out and spend my holidays in nature. I am fond of news programs on TV. I usually choose to eat at a Japanese restaurant.

I am Susie. I am a baseball fan. I like to go out and spend my holidays in nature. I am fond of soap operas on TV. I usually choose to eat at a Japanese restaurant.

I am Kate. I am fond of table tennis. I like to go out and spend my holidays in nature. I like to listen to popular songs on TV. I usually choose to eat at a non-Japanese restaurant.

I am Betty. I love swimming. I like to stay home on holidays. I am fond of variety shows on TV. I usually choose to eat at a non-Japanese restaurant.

I am Eddie. I love kendo. I like to stay home on holidays. I am fond of scientific documentaries on TV. I usually choose to eat at a non-Japanese restaurant.

(解答：Jack------Maggie, Tom------Mary, George------Susie
　　　　Ken------Kate, John------Betty, Sam------Eddie)

 2. 生徒は自由に席を立ち異性役とペアを組み，カードの4文を次々と読み上げて，好みが完全に一致するかどうかチェックする。内容を考えることが大切であることを強調する。たとえば，news program は serious, cultural program であるが，entertainment program の仲間には入らない。
 3. 既に同名の人に出会っていれば，その人はパスする。
 4. 4文の全てに趣味が合致しなければならない。
 6. 好みが合致する人が見つかったら席に戻って着席。
 5. クラスの6割が着席したところで終了する。

 「自分と同じカードをさがす」というインタビューゲームの一変形であり，特に目新しいものではないが，'team sports' に対しては，baseball, basketball, football, 'serious, cultural programs' に対しては documentary films, scientific documentaries, news programs など，単に言葉合わせでなく若干でも語彙の意味を考えた上で判断するようにしてある。相手との相性が合わない場合には，最初の1文や2文で結果が分かることも多い。こうした場合でも4文全部についてチェックせよと指示するのは，タスク活動 A の作業としては適切ではない。
 ここでは課題で求められている相手を限られた時間内に何人探し出すかが問題であるから，それに文型練習的な要素は加えないほうがいい。
 中学2年のレベルを想定すると serious, entertainment, cultural, individual などの語彙は難解と感じられる向きもあるかもしれないが，発表段階まで求めない認識語で，意味内容が具体的に把握できるものはこうした活動になんの支障もきたさない。必要なら，活動に際して対訳を板書しておくだけで十分である。

2-3 ステップ3 「デートの組み合わせ」

1.「男女8人がそれぞれのデート相手をさがしています。どんな組み合わせが一番うまくいくと思いますか」と問いかけて，次のプリントを配布する。

次はデート相手を求めている男女8人のプロフィールです。あなたならどんなどんな組み合わせがいいと思いますか。うまくいくと思うカップルを2組，うまくいかないと思うカップルを1組を作って，そう判断した理由を述べなさい。

Ben

He likes to play pingpong.

He is fat. He needs to walk every morning.

He wants to become a pianist.

He doesn't like to take care of pets.

Jack

He likes to walk around in nature.

He is too thin. He needs to eat more meat.

He wants to become a doctor.

He does not like to take care of pets.

Tom

He likes to sail in a yacht.

He is slim. He doesn't need to lose his weight.

He wants to become a banker.

He is trying to read more books.

Larry

He loves to play in a tough football game.
He is a large man. He always wants to eat more.
He wants to be a professional football player.
He does not like vegetables at all.

Janet

She does not want to get a tan.
She likes to eat a lot of vegetables with every meal.
She is thin. She doesn't need to go on a diet.
She plans to study art.

Mary

She has a dog. She likes to walk her dog.
She is a vegetarian.
She wants to work for an airline.
She is small. She needs to eat more.

Beth

She likes to watch team sports.
She does not like to swim in the ocean.
She plans to help her parents at their store.
She keeps some tropical fish in her room.

Nancy

She likes to take care of animals.
She wants to become a school teacher.
She knows a lot about dieting.
She doesn't like violent sports.

◆うまくいくと思うカップルを2組
　____and____will make a good couple, because _____.
　____and____will make a good couple, because _____.
◆うまくいかないと思うカップルを1組
　I don't think ____and____will make good friends, because ____
_____.

　このステップ3（タスク活動B）では組み合わせを作ることが目標ではなく，その結論に至った理由を述べ合い，意見を言うところがねらいである。したがって提供された情報は不十分だし，テーマに無関係な情報も多い。条件がぴったり合う組み合わせはないかもしれない（顔つきが似ているからという意見だってあり得る）。そうした互いに矛盾する条件を考慮して，自分としての判断をくだすところに活動の意味が存在する。それぞれの結果を全体に発表させて，それに同調するか反論するかで一種のディベートのような発展も可能である。

　例えば，

生徒A：Ben and Janet will make a good couple, because he plays pingpong and she does not like to get a tan. Janet likes to eat vegetables and Ben needs to go on a diet. Vegetables will make a good diet for him.

教師：（全体に）Do you agree with A? Does anybody have a

different idea?

生徒B：I don't think Ben goes well with Janet. Because he wants to become a pianist. He must be a nervous type. Janet wants to study art. A pianist and an artist won't make a good couple. Both are too sensitive.

などと議論を発展させる。

2-4　ステップ4「先生のお嫁さん」

　実際の人物について相性を云々することは，プライバシーの面からも物議をかもしかねない。生徒の対話活動に話題を提供するだけの目的であれば，いっそ全くあり得ない状況を設定して，架空のデート相手，結婚相手を議論するのがいいだろう。誰でも知っている漫画キャラクター，有名歌手，映画俳優，テレビ芸能人など，ゴシップめいた会話をするのも楽しい。

　次の例は，独身男性の学級担任とある有名女性シンガーとの結婚の可能性を話題にした例である。

教師：You know Mr. Yamada is not married yet. Don't you think we should introduce him to someone? Do you have any idea of who that could be?

生徒：Mr. Yamada doesn't want to get married.

教師：Are you sure? If you introduce him to a really nice woman, he will surely want to get married. How about Miss B?（と，ある有名歌手の名を挙げる）

生徒：Oh, no. She is too pretty. Mr. Yamada is not handsome enough.

教師：Looks are not so important. Do you know she likes to go fishing? As you know, Mr. Yamada is crazy about

fishing.
生徒：She does not like to live in the country.
生徒：She does not want to give up singing.
生徒：She is too young to get married.
生徒：Mr. Yamada likes to drink. She doesn't like to drink.
生徒：Mr. Yamada smokes. Miss B doesn't like to smoke.
教師：So you think this is a hopeless case?
生徒：Yes. It is hopeless.

などと展開する。こうした展開が可能になるためには，問題の学級担任と生徒間のラポートが良好に保たれていることが条件である。また議論の助けになるように，両者の特徴を箇条書きにしたものをOHPなどで投影しておくと議論がし易くなる。

3　受動態の指導

3-1　ステップ1「おなべとことこ」

　ロシア民話『おなべとことこ』（教育画劇制作）の紙芝居全12画面（そのうちここでは8画面を例示）を教材として利用する。

1. 12枚の画面を使って物語りの概要を教師が英語で語る。同時に次の文型転換練習に必要な語彙（下線部）を板書しておく。

Once upon a time an old woman lived in Russia. She had a nice <u>cooking</u> pot and she loved it very much. She <u>cleaned</u> it every day. But she was poor and had no food for the pot. She said, "Sorry, Mr. Pot. I have no food to cook today."

Then the pot ran out of the house and went to a rich man's house. A young girl was cooking in its kitchen. She had too much food and <u>need</u>ed another pot. She put her soup into the pot. Then the pot ran out of the kitchen and <u>brought</u> the soup to the old woman. She <u>enjoy</u>ed the soup and said, "That was really good soup, Mr. Pot. Now I <u>want</u> dessert." The pot ran out and went to a big house in the village. A girl was crying there. She said, "Not apples. I <u>want</u> bananas." She <u>threw</u> the apples away. The pot got these apples and ran to the old woman. The old woman said, "Thank you, Mr. Pot. Those were very good appples." But she wasn't very happy this time. Why? Please wait for the next part of the story.

2. 板書した動詞の意味を確認し，過去・過去分詞形の変化を復習する。

3. 画面ごとに受動態の練習をする。最初Aの発話は教師が担当するが，慣れたら数人の生徒に画面を配ってAの部分を行わせる。

A：(図1でおばあさんを指して) The old woman cleaned the pot every day. (なべを指して) The pot was cleaned every day.

B：(復誦する) The pot was cleaned every day.

A：(図3で娘を指して) A girl made soup in the kitchen. (スープを指して) Soup... (なべを指して) She needed another pot.

B：Soup was made by a girl. Another pot was needed.

A：(図4で) The pot carried the soup to the woman's house. The soup...

B：The soup was carried to the woman's house.

A：(図5で) The woman enjoyed the soup. The soup...

B：The soup was enjoyed by the old woman.

A：(図6で) The girl did not want apples. Apples...

B：Apples were not wanted by the girl.

A：(図7で) Apples...

B：Apples were thrown out of the window.

A：(図8で) The apples were caught by the pot.

B：The pot caught the apples in itself.

意味のある文脈の中で受動態に習熟することがステップ1（言語活動）の趣旨であるが，ここでは図示された場面についてのやり取りであるから，AとBとの対話に新情報は含まれていない。しかし，画面の面白さと目新しいロシア民話がこのあとどう展開するのかという期待から，生徒は積極的に反応するのである。

このように，教室内の言語活動は必ずしもコミュニケーション理論通りの情報授受でなければならないことはない。言語形式の習熟に焦点が当てられた活動であっても，場面の設定次第で生徒の興味を維持することができる。

ここで用いた紙芝居は市販のものであるが，物語の展開が生徒にとって未知であるという理由で世界の民話シリーズから選択した。幼稚園の教材を扱っている教材店からカタログを取り寄せると，実に多彩な紙芝居が市販されれているのが分かる（6話1セットで1万円弱程度）。もちろん教師の自作，生徒との共作もいいのであるが，最近の生徒は画面の仕上がりのいい既製品のほうを好むようである。

3-2 ステップ2「物語整序」

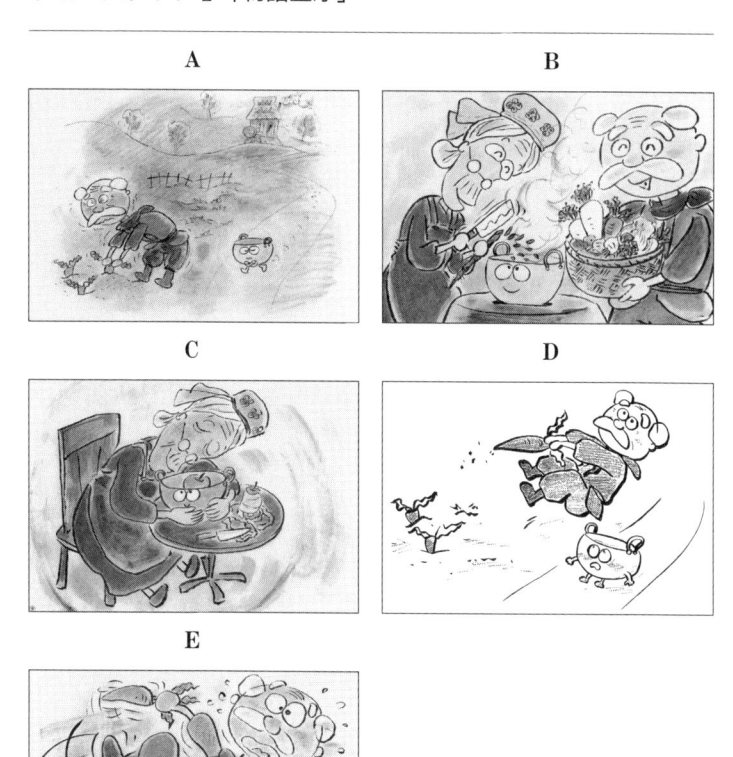

A   B

C   D

E

　ステップ1で用いたロシア民話紙芝居の残りの5枚を，英語による説明を聞いて，画面をイメージし，考えられるストーリーの展開にしたがって正しい順に並べるという活動である。

　生徒には5つの枠を示した白紙を与えておいて，画面のイメージを略画で書き留めるように指示したうえで，次の説明をする。

(画面は見せず，言葉だけでイメージさせる)

[図 A の説明]

An old man worked in a carrot field. A pot was also in the field. It wanted to take him to its house. The old man tried to pull a carrot hard. But it didn't come out easily.

[図 B の説明]

An old man and woman and a pot were in the house. They were happy. Because they were making a good dinner. Carrots and other vegetables were cooked in the soup.

[図 C の説明]

There were an old woman and a pot. She finished her apples. The pot was told by her, "Thank you for good dinner." But she needed her friend.

[図 D の説明]

The carrot was pulled out by the old man. He pulled the carrot out of the ground. It came out of the ground suddenly and he fell backward. And he was caught by the pot.

[図 E の説明]

The old man was carried by the pot. It carried the old man to the old woman's house.

それぞれの図について，はっきりしない点を追加質問するように言う。例えば図 A では，

S：Where was the old man?

T：He was in the left-hand side of the picture.

S：Then was the pot in the right?

T：Yes, it was. It was watching the old man.

S：Did he have no hair?

T：Yes, he did. He had some hair — some white hair.

図Bでは,
  S : Who was in the picture?
  T : That's a good question. The picture had the old woman, the old man and the pot. Actually the pot sat on a big cooking stove.
図Cでは,
  S : Was there no old man?
  T : No. There was no old man. Only the old woman and the pot were talking.
図Dでは,
  S : What was the old man doing?
  T : He was falling into the pot with the carrot in his hand.
図Eでは,
  S : Was the old man in the pot?
  T : Yes, he was.
  S : Was the pot bigger than the old man?
  T : No. But it was a strong pot. It carried him to the old woman's house.
など,各図について質問が出尽くしたところで,
  Which picture comes first / last?
  Which picture follows Picture B?
などと尋ねて,図の順番を決める。
　解答が出たあとで画面を提示し,正しい順番に並べる。

　上級クラスであれば,図の説明はクラスを4等分してグループにやらせることもできる(それぞれのグループは1枚だけ絵を見て,他の時は目をつぶる)。またもう一段ステップアップすれば,でき上がった一連の画面を通して,ストーリーの概略を英語で説

明させることもできる。

　ここでは各図のイメージができ上がればいいのであるから，それぞれの画面でイメージされた構図が正確である必要がない。5つの図の違いが明確であればいいのである。タスクはあくまでも画面の整序である（タスク活動 A）。

　この種の活動（つまり数枚の画面を1グループずつ口頭で描写させて，最後に全体で一貫した物語に再編成する）は，生徒全員が知っている漫画のコマ絵を利用するのが最適である。登場人物について縷々説明しなくても，示された1つの画面だけで人間関係が分かってもらえるからである。たとえば「ドラえもん」ではジャイアンがいじめっ子で，奇妙きてれつな道具がのび太を助けるためにドラえもんのポケットから取り出されたものであることは生徒全員が知っている。版権の関係で本書では紹介できないが，「コボちゃん」，「サザエさん」，「クレヨンしんちゃん」など，吹き出しを消すことによって，興味深い教材を自作できる。

3-3　ステップ3「変な絵」

　1．教師は裏返した1枚の絵を持ち，教師との英語の問答を通して，その絵を復元する活動である，と説明する。

　2．画面に登場する人・ものについて，最小限度の情報は教師が与えるが，詳しい画面の情報は生徒が質問することによってのみ得られることを強調しておく。

　教師：You have four items in the picture ; an old man, a pot, a carrot and a fish. Now ask me questions for more information.

　生徒：Where is the old man?

　教師：He is in the right-hand side of the picture.

生徒：Does he have a pot in his hand?

教師：No. He doesn't hold the pot. He is held by the pot.

生徒：Is he held by the pot? Do you mean the pot has arms?

教師：You're right. The pot holds the old man on it with its hands.

生徒：That's strange. Is the pot large enough to hold the man inside?

教師：Well the old man is twice as large as the cup.

生徒：Where is the fish? Is there a pond in the picture?

教師：No. There is no pond. All the characters are on and over the grass.

生徒：Then where is the fish?

教師：It's in the air. It is flying in the left-hand side of the picture.

生徒：Why is it flying?

教師：Because it is a special kind of fish that likes flying. Actually it is carried in the air by a carrot.

生徒：Is the carrot flying, too?

教師：Yes, it is. It's flying toward the old man.
生徒：Is the carrot something like a rocket?
教師：Yes. Exactly.
(以下略)

3．生徒の質問の様子を見ながら，与える情報の詳細さを加減していく。ほぼ全体的なイメージが生徒全員に生まれたところで，質問をうち切り，白紙に略画を描く余裕を3分与える。描画の上手下手にこだわる生徒がいるから，略画は stick figure のようなもので十分であることをくり返し強調する。

4．用紙を回収したあとで正解の画面を見せ，おじいさんがなべによって運ばれている，魚がにんじんに乗っている，の情報が画面に描写されていれば合格とする。

いわゆる incongruous picture と言われる手法で，画面の意外性を解くカギが，学習項目の受動態が正確に理解されているかどうかにかかっている。この活動では自発的に次々と質問を発することが肝心であるから，質問しやすくなるように教師は具体的なヒントを与えたり，逆に要点をはぐらかしたりして，サスペンスを盛り上げるようにする。教師－生徒のQ＆Aを通して，お互いが抱いている意味の違い（この場合は「魚は水中にいるものだ」，「なべは人が持つものだ」などの先入観）を明らかにしていく過程はステップ3（タスク活動B）の典型的な活動と言える。この意味で，ステップ1及び2の活動を経験したクラスでは意外性が薄くなるので，ここで紹介した活動例は使えない。

また，画面に入る項目が多くなると作業が格段に難しくなるため，「意外性」を一点に絞ることで問答から得られた情報を絵に描く作業を単純にすることもできる。次ページの例は受動態の練習を念頭に置いたものではないが，参考になるだろう。

3-4 ステップ4「昔話英語紙芝居」

6人一組のグループを6組編成し,それぞれに教育劇画から出版されている紙芝居「世界ユーモア民話全6話」のうち1つを課す。

6人が登場人物と地の文を分担して英語紙芝居(12の画面から構成されている)を作る。その際注意することは次の通りである。

[英文の作り方]

①日本語を訳すのではなく,物語の筋を英語で表現するつもりで,単純な言い方を選ぶ。画面裏の語り言葉はあくまでも参考であって,画面から新しい文を創作するつもりでいること。

②中学生用の辞書に載っていない単語は使わない。ものの名前は日本語でもよい。

③1つの文の語数は最大6〜7語ぐらいに留める。

④同じ登場人物はなるべく同一人で通し,地の文のところを分担する。

⑤全体が7分以内で終了するように作る。

[演じるときの注意]

①なるべく暗記して視線を聞き手に向けて話す。

②感情を表現して話す。

③読むのではなく,「話す」つもりで。

④聞き手が分かりやすいように，画面の場所を指しながら話してもいい。

⑤せりふで肝心なところは口調を変えて，ゆっくり，はっきり，大きな声で述べる。

⑥各自役柄の名前を日本語で書いた紙製の冠をかぶり，役割の違いが聞き手に分かりやすいように工夫する。複数人が同一登場人物を演じる場合には，冠もバトンタッチする。（冠の代わりに役割の名前を書いたうちわをもって発表するというやり方もある）

⑦演技が終わったら，1人が1つずつ物語のポイントになる箇所に関する質問を聴衆の生徒に日本語で投げかける。

ロールプレイには抵抗を示す生徒たちも，紙芝居づくりには熱中する。ここで例示した世界の民話はあまり知られていないものばかりであるから，ストーリーの展開の面白さにつられて熱心に聞き入る。中学2年生ぐらいの段階では，生徒だけでせりふ作りができるとは思えないから，教師の課外指導の必要性を見込んでおかなければならない。

この種の活動で最大の危険は，話し手が一本調子で暗記してきた文を言うだけに終わってしまうことである。話し手の発表の仕方にいろいろ条件をつけたのも，聞き手の積極的な反応を期待するからである。教師は聞き手の表情を見ていて，インタラクションの必要があると判断した時には発表を中断させても，言い換えさせるか再度言わせるなど，双方向のコミュニケーションになるように努力する。

語彙・文法などの言語の形式に対するコントロールは必然的に減少するが，仮に受動態の学習を確認したいのであれば，教師が途中で行うさまざまなコメントで受動態の表現に聞き手の注意を

導くようにする。

　また，聴衆が単に受け身的な聞き手に終わらないために，「話の筋が分かったか」の一点だけに絞って，話し手の英語を5段階で，グループ全体の印象を10段階で評価し，最終的には全員の結果を集計して公表すると，次回の活動へのよい動機づけになる。点数で表現されるから，「話す」の評価として期末の成績に反映させるというのも良い方法であろう。

　手間のかかる活動で，それなりの時間とエネルギーが要求されるが，実践的コミュニケーション能力への直接的な橋渡しとして，学期に1回ぐらいこのような活動を組み込むことが望ましい。

4　助動詞を使った表現

4-1　ステップ1「していいことといけないこと」

　1.　次のようなプリントを配布し，空欄を埋めさせる。可能性が複数ある場合は，自分が最も良いと思うものを入れるように指示する。

　文の意味を考えた上で1.～5.は（　）から，6.～10.は自由に考えて適当な助動詞を入れなさい。

1. You ＿＿＿＿＿ smoke before you're eighteen. It's against law. (may, must, mustn't)
2. You ＿＿＿＿＿ talk freely with your principal during the "Be With the Principal" hour. He likes to talk with you. (may, can, can't, mustn't)

3. You _____ show me your arm if you want me to examine the wound.

 Don't be afraid. (have to, don't have to, may, must)
4. You _____ take turns feeding the fish in our classroom. Don't starve the fish. (must, may, won't, should, shouldn't)
5. You _____ put everything away in its place when you finish playing with it. (may, don't have to, should, can)
6. You _____ be silent while your teacher is talking.
7. You _____ choose the bags you want to bring to school.
8. You _____ stay at your friend's house after ten o'clock.
9. You _____ tell your telephone number to a stranger.
10. You _____ enter a coffee shop after eight in the evening.

 2. 数種類の正解が出てきたら，相互にどんな意味上の違いがあるのか（またはないか）考えさせる。とくに6.〜10.については教師も他の可能性について触れる。

 単純な空所補充の文法問題に見えるが，ここで記述されている英文は生徒達の実際の生活ルールの反映になっていることがポイントである。したがって，ここでは文法的な正誤よりも意味の妥当さが求められている。複数の解答が可能なように作られているのも意図的であって，「意味のある文型練習」の原則に沿っている。

4-2 ステップ2「ロゴを読む」

 1. 次ページの図を画用紙にグループの数だけコピーして切り離し，数セットのカルタを作る。

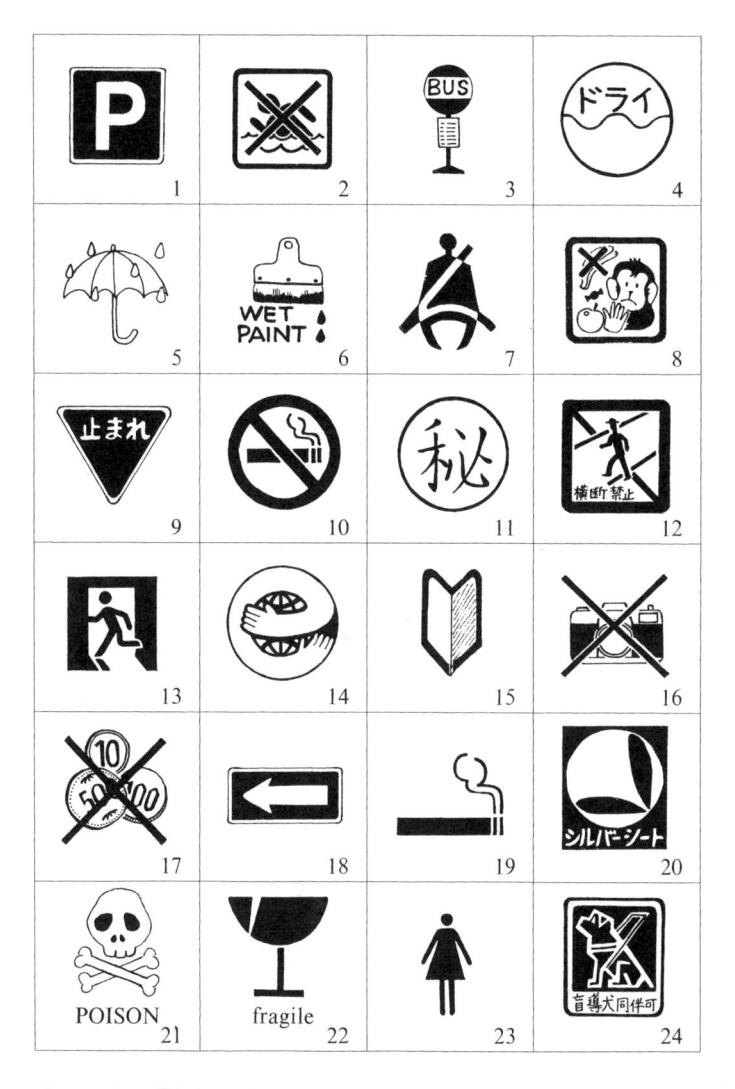

(藤生由美子『中学英語のコミュニカティヴ プラクティス』中教, pp. 55-57より)

2．グループごとに，カードを表向きにしてカルタのように机に並べる。

3．教師は次の24の英文のどれかを読む。

① We can park our car here. That's a parking sign.
② There are many alligators here. We can't swim here.
③ Go straight on down the street. You can see the bus stop on your left.
④ My sweater is dirty. It is made of wool. It must be dry cleaned.
⑤ Look at the weather report. It will be raining tomorrow. Take your umbrella with you.
⑥ We can't sit down on this bench. This sign means "The paint isn't dry."
⑦ When you drive a car, you must fasten your seat belt.
⑧ Look. You mustn't give food to the animals.
⑨ You must stop here at the sign.
⑩ You can't smoke here.
⑪ You mustn't tell this secret to anybody.
⑫ You mustn't cross the street. The street is very busy.
⑬ It's a fire drill. You must go out through the exit. But we mustn't rush.
⑭ We must save the earth. It's the recycling symbol.
⑮ You are a new driver. You must put this sign on your car in Japan.
⑯ You mustn't take a picture here.
⑰ You must use a telephone card, not coins for this phone.
⑱ You can't turn back. This street is a one-way.
⑲ You can smoke here. That is a smoking sign.

⑳ You must give your seat to an old person here. These are assigned seats.
㉑ You mustn't drink it. If you drink it, you will die.
㉒ You mustn't shake this box. Champagne glasses are in the box.
㉓ Excuse me, boys. You mustn't use this room. This is for ladies only.
㉔ Guide dogs can enter with the owner.

4．生徒はその内容に関連したロゴのカードを見つけて取る。全てのグループが取り終わったところで，教師は正解のロゴのカード番号を伝え，正しく取ったかどうかを確認する。

カルタ取りのゲームに，can / can't, must / mustn't の対立を材料に取り込んだものである。may の学習がすんでいれば，随時 can を may で置き換えることもできる。上例は教師が英文を読んでいるが，この部分もカード化して，グループ内で順番に文字カードを読み上げるというシステムにすることも可能である。

中学生でも英文カルタに熱中するのは，それが「なぞなぞ」の問いかけに仕立てられているからである。それも読み札を生徒自身が自作できれば満足感は大きい。コツは，すべて短文で絵札を特定しない情報（例えば１の図であれば，You can come. / You can enter. / You can drink. など）を最初に数個出したあとで肝心な情報を小出しに並べていく（You can stay here.→ You can put something here.→ You can bring your car here. など）方式に慣れさせることにある。

4-3　ステップ3「こりゃ何だ」

1. 図①を提示して，教師が次のように自問自答する。

What on earth is this?

It must be a kind of monkey because it jumps from one tree to another.

No, it may [can] not be a monkey because it has sharp teeth.

Then it may be a kind of lion because lions have such sharp teeth.

Well, it can also be a kind of deer because it has horns on its head.

Actually this is a rare animal called a "deerlionmonkey".

2. 図②を提示して，下線部を中心に生徒の発話を引き出す。

What on earth is this?

It has a long neck. What's the name of the animal with a long neck? Yes, a giraffe. So, it must be a giraffe because it has a long neck.

Wait. It may not be a giraffe. It may not be a giraffe because it has big feet.

Then what's the name of the animal with these big feet? Yes, an elephant. It may be an elephant because elephants have such big feet.

Well, it may also be a kind of camel because it has humps on its back.

Actually, this is a rare animal called a "giraffelephant-camel".

3. 図③では,教師は語句のみを提供して生徒が文を作る

教師：What on earth is this? It has a fin (*hire*). So...

生徒：It must [can] be a fish because fish have such fins.

教師：But it has a shell (*koura*) on it.

生徒：Right. It may not be a fish because it has a shell on it.

教師：You know a turtle has such a shell.

生徒：Then, it may be a kind of turtle because turtles have such shells.

教師：Wait. It also has claws (*hasami*). What animal has such claws?

生徒：A crab. It may also be a kind of crab because it has claws.

教師：Then what do you call this strange animal?

生徒："Fishturtlecrab"!

4．図④では，ペアを組んで，3.で例示した活動を行う。

5．生徒に同じようなアイディアで，3種の動物が合体した図を描く宿題を出す。たとえば右は猿・ライオン・うさぎが合体した"monkirabbilion"である。英文ライティングの作業を課してもいいし，教室内で同様の対話をペアワークで行わせてもいい。

(高橋正夫『高校英語のコミュニカティヴ プラクティス』中教，1994，pp.86-87より)

奇妙な図柄の動物で生徒の興味を引き，助動詞の使い分けを練習させようとする活動である。交わされる情報はほとんど意味を持たない定式の問答になっているが，それだけに助動詞の意味が明確に意識される。生徒の学習のレベルによっては，can be, can't be もあわせて練習することができる。5.の段階は，全部の生徒に課すことが無理であったら，絵が好きな数人の生徒に依頼しておくのもいい。

4-4 ステップ4「結婚と離婚の世論調査」

1．全員に次の世論調査表を配布し，よく読むように指示する。助動詞による意味の違いを確認する。

結婚について

a. We should get married by a certain age in our life. It is important to be married some day.

b. We had better get married when we get a chance to do so. It

> is better to have a marriage partner.
> c. We may stay single all through our life. It is not very important to get married.
> d. We had better not get married because it will be a cause of troubles rather than happiness. It is better not to get married.
>
> **離婚について**
>
> a. We must not get divorced. Once we get married, we have to stay with the same partner for life.
> b. We should not get divorced if we have children. We have to think not only about ourselves but also about the future of our children.
> c. We may get divorced if it is necessary. Sometimes it is better to be separated than to stay married.
> d. We should get divorced if there is no love between us. We can be happier when we are free from each other.

2．「結婚」側,「離婚」側それぞれ4人ずつ計8人を選び, 選択肢の文を1人ずつ読み上げさせる。

生徒全員は読まれた意見に賛成か反対か挙手で反応し, 数は教師が板書していく。

3．次ページのプリント（総務庁青少年対策本部『世界の青年との比較からみた日本の青年——第6回世界青年意識調査調査報告書』1999, pp. 87-89より）を配布し, 板書したクラスの調査結果をパーセントに換算し, 帯グラフとして「結婚観」「離婚観」の最後の欄に記入する。

ちなみに, この『世界青年意識調査報告書』は, 第1回は昭和47年にはじまり, ほぼ5年おきに主要な10数か国の18歳から24歳

の青年を対象に同一の質問に対する反応を集約したものであって,内容も家庭,学校,職業,友人,余暇,地域,国家,社会,人生観など多岐にわたっている。各文化間の相違が数値によって如実に表示されているばかりでなく,各国の30年間の経年変化も辿れて実に興味深い。世論調査をネタにした活動で材料として活用するにこれにすぐるものはないと思っている(ただ議論づくりに最適な「婚前性交渉を認めるか」が今回から削除されているのが残念)。もちろん,このほか青少年の生活に関する政府刊行物にも活動のヒントになる材料が多く見られるし,アメリカの様子を知ろうとしたら 'Almanac' と呼ばれる年鑑の類で Living in America などの項を開けばいい。目次だけぱらぱらとめくって授業のネタを探すのも楽しいものである。

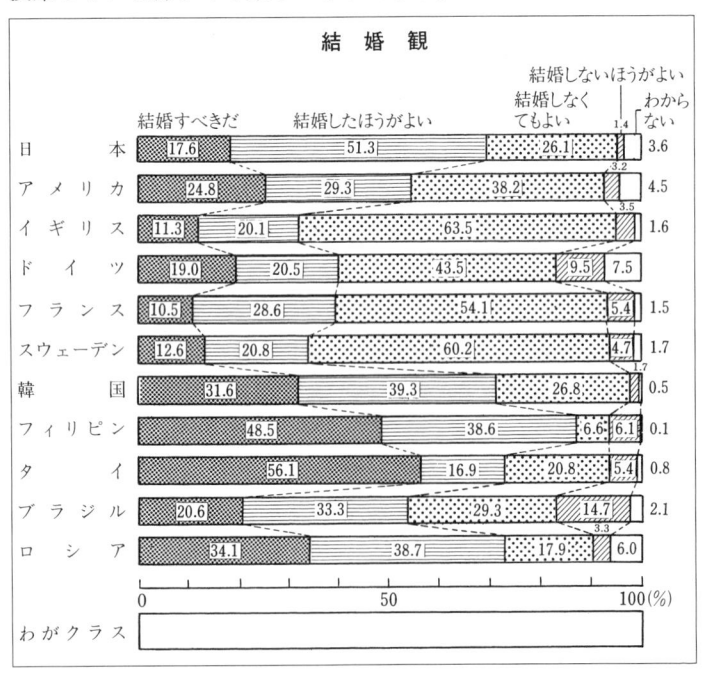

結婚観

国	結婚すべきだ	結婚したほうがよい	結婚しなくてもよい	結婚しないほうがよい	わからない
日本	17.6	51.3	26.1	1.4	3.6
アメリカ	24.8	29.3	38.2	3.2	4.5
イギリス	11.3	20.1	63.5	3.5	1.6
ドイツ	19.0	20.5	43.5	9.5	7.5
フランス	10.5	28.6	54.1	5.4	1.5
スウェーデン	12.6	20.8	60.2	4.7	1.7
韓国	31.6	39.3	26.8	1.7	0.5
フィリピン	48.5	38.6	6.6	6.1	0.1
タイ	56.1	16.9	20.8	5.4	0.8
ブラジル	20.6	33.3	29.3	14.7	2.1
ロシア	34.1	38.7	17.9	3.3	6.0

わがクラス

離婚観

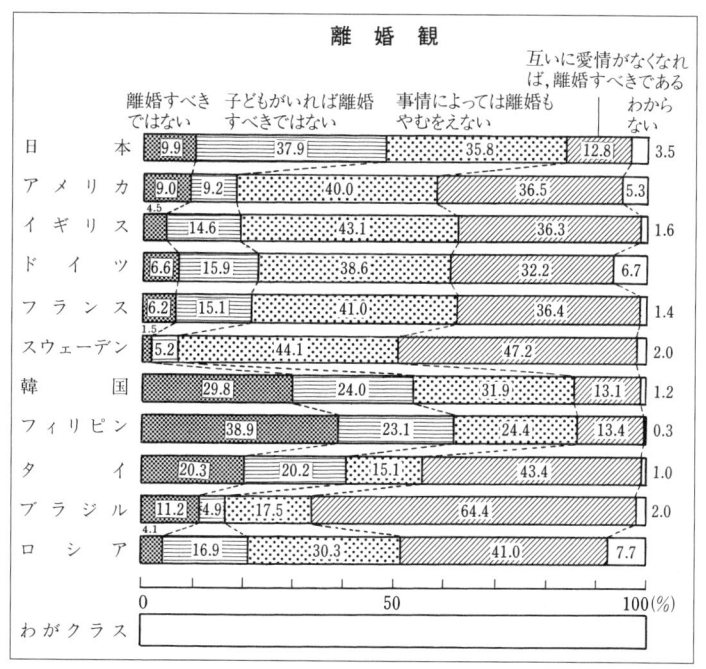

	離婚すべきではない	子どもがいれば離婚すべきではない	事情によっては離婚もやむをえない	互いに愛情がなくなれば,離婚すべきである	わからない
日　　本	9.9	37.9	35.8	12.8	3.5
アメリカ	9.0 / 4.5	9.2	40.0	36.5	5.3
イギリス		14.6	43.1	36.3	1.6
ド イ ツ	6.6	15.9	38.6	32.2	6.7
フランス	6.2 / 1.5	15.1	41.0	36.4	1.4
スウェーデン		5.2	44.1	47.2	2.0
韓　　国	29.8	24.0	31.9	13.1	1.2
フィリピン	38.9	23.1	24.4	13.4	0.3
タ　　イ	20.3	20.2	15.1	43.4	1.0
ブラジル	11.2 / 4.1	4.9	17.5	64.4	2.0
ロ シ ア		16.9	30.3	41.0	7.7

0　　　　　　　　50　　　　　　　100(%)

わがクラス	

4. 自分のクラスの考え方の傾向はどの国のタイプに近いか，またそれはなぜかなど，教師主導で問答を行う。たとえば，

[**結婚について**]

　教師：Which country's result is the closest to the opinion of this class?

　生徒：There is none that is exactly the same, but I think we are close to England.

　教師：Why do you think so?

　生徒：Because half of our students say "We don't have to get married."

　教師：That's right. The high rate of negative views of marriage is very similar to many of the European coun-

>　　　tries. I am surprised. This survey is based on a questionnaire given to young people between eighteen and twenty-four. You are not very enthusiastic about marriage.

生徒：But be careful. "We should get married" and "We had better get married" are 55 percent. That's quite high.

教師：You make a good point. There are two opposing ideas about marriage in this class. It will be very interesting how you change your opinions in the future.

［離婚について］

教師：What do you think about the results of our survey?

生徒：I don't know about the class opinion. But I would say "No" to divorce. My parents got divorced and we are unhappy.

教師：That is very straightforward of you. In fact, more than forty percent of the students say, "We should not get divorced." This is similar to Asian countries like Korea and the Philippines.

生徒："We may get divorced if there is no love" is also high among us. What does this mean?

教師：Right. You may be too young to talk about divorce. But you should know that love is not everything to a marriage.

中学校のレベルで上記のような対話が成立するとはとても考えられないが、日本語での討論のあとで調査結果の感想を2行程度の英文にまとめるという宿題を課すのも1つの方法である。

あるテーマについてアンケート調査を行い、複数のクラスまた

は別の学校のクラスと比較することは興味深い活動になるが，新聞・雑誌で発表されているさまざまな世論調査の結果と較べるのも生徒の視野を広げる意味で，有効な方法である。

5 現在完了形の指導

5-1 ステップ1「何が変わった？」

図 A

図 B

1. 図 A を OHP で投影。これは記憶テストであるからよく覚えるようにと指示し，30秒で消す。

2. 図 B を投影し，それが A の10分後の教室であると説明し，その間に何が起こったのか言わせる。

例えば次のように展開する。

A：What changes do you see?

B：A picture, a picture of a flower.

A：Yes. There were no pictures ten minutes ago. Someone has drawn a picture of a flower on the blackboard.（has drawn を板書）What else?

B：The vase was broken.

A：Yes, it was in good shape ten minutes ago. So someone...

B：Someone has broken the vase.

A：Right! Someone has broken the vase.（徐々に現在完了形の定型表現に慣れさせていく）What else?

B：The position of the teacher's desk is changed.

A：Yes. So someone... Use 'move'.

B：Someone has moved the teacher's desk to the door.

A：Correct! You have a really good visual memory. What else?

B：Someone has taken the pencil case to the window.

B：Someone has brought in a trash bin.

B：Someone has taken away the students' bags.

B：Someone has added another coat to the clothes rack.

など，自由に発言する。

最初教師は A の役割を演じるが，次第に生徒同士の対話に発展させていき，挙手して正誤の確認を求められた時のみ，対話に

参加する。

　よく見る視覚記憶をネタにした言語活動であるが、ここでの目標は、生徒に正しい現在完了形の文を数多く作らせることにある。したがって、Someone has added another coat to the clothes rack.にしても、Another coat was added / brought in. / There are three coats now. / We saw only two coats ten minutes ago. でも可能であるが、ここでは究極的に生徒が現在完了形に行き着くように導く。また最初の例のようにA picture of flower. という生徒の発言の後で教師が、Someone has drawn a picture... on the blackboard. と繰り返すのは、伝達すべき情報量としてはゼロであるが、ステップ1であり、現在完了形の習熟に焦点があることから言語活動として容認される。(p.56参照)

5-2　ステップ2「違いは何だ」

　ステップ1と同じ手順で図Aと図BをOHPで投影し、生徒同士の対話を作る。ただし3人のグループワークとし、judge役の生徒Cには両画面をプリントアウトしたものを与え、図Aと図Bの記述の正誤を判定させる。挙手の早い者に発言権が与えられ、時間内に生徒Aと生徒Bのどちらがより多くの違いに気がつくかを競う。

　たとえば、次のような対話になる。

A：The poster on the wall is gone.

C：Right. The poster on the wall has disappeared.（プリントで確認し、Aに1点を与える）

B：The window.

C：Do you mean someone has broken the window? OK.（画

面で確認してからBに1点を与える。新しい情報のみが得点になる)

A : Someone has opened the book on the teacher's desk.
C : You're wrong. The book was already open ten minutes ago.
B : The number of students' desk has changed.
C : Wrong again. There was the same number of desks ten minutes ago.

4分でうち切り，Cが得点を発表する。

　ここでは2つの画面の相違を発見するというタスクの達成が目標であり，その際，使用される言語の形式は問題にされない。したがって，The poster was gone. / There was a poster before. / There is no poster now. / Someone took the poster away. など，さまざまな表現が出現し，時として，The poster. / Not a poster is on the wall. など不完全な表現，文法的誤文も許容される。焦点は既習構文を積極的に活用することにあるため，時間枠を設定し，自主的な発言を奨励する。judge役のCは現在完了の文で正答を確認するように一応指示しておくが，文法に関するコメントは別の場面を設定することになる。

　グループごとにjudge役のCを設定するのではなく，一斉指導のスタイルで行うことも可能である。その際は，決められた時間内（5分程度）でどれだけ多くの文，または語句を書くかというライティングの作業に切り替える。そしてその際でも，情報の正誤のみがカウントされ，語彙，構文，綴りなどは採点から除外されるという方針のほうが，ステップ2（タスク活動A）の目的にかなう。

5-3 ステップ3「教室のいたずら」

　ステップ1・2と同じOHPの投影図を用いるが，両図を平行して投影するか，拡大コピーをした2つの図を黒板に貼っておく。まず，図Aが体育の時間で全員がいなくなる前の教室の状態で，図Bがそれから戻って来たときの様子である，と状況の設定を行う。

　ステップ1と同様な手順でA・Bの対話を進行させるが，こんないたずらをされ，本当に当惑している気持ちで互いに対話を進めるように指示する。教師は時々対話のなかに割り込んで，内容がふくらむように対話を導いていく。

A : Oh my God, the vase was broken.
T : The vase, the one with roses in it?
A : Yes, somone has broken the vase with roses in it.
B : The poster was also taken away. Someone has stolen the poster which has a photo of Nakata, the soccer player.
T : So he must be a soccer fan. He has stolen the poster for the photo.
A : So somebody broke into the classroom while we were away for PE class. Let's report this to the school principal.
T : OK. But you should check out all the changes before that. What else?
B : All our school bags have disappeared, too. How about the pencil case I left on my desk?
A : It is on the window sill. Strange, isn't it? Someone has brought in a trash bin. I have never seen such a big trash bin. I wonder where it came from.
B : There is another jacket on the clothes rack.

A : I think I know who did all of this.
B : You mean Tom, don't you? I agree with you. He is such a mischievous boy.

ステップ3（タスク活動B）での焦点は，設定された場面を実感し，その場面の一部を演じる要領で言語活動を行うことである。単にいたずらの箇所を教師に報告するのではなくて，部屋の中をかき回された不快感をできるだけ英語表現に反映させるように努力する。教師は，目標構文の現在完了形が正しく使用されるように，生徒の発言を修正するとともに，活発なインタラクションが継起するように適宜対話の中に割り込むことが期待される。

5-4 ステップ4「思い出の写真」

10年前校舎が新築された当時の正面玄関の写真を拡大，OHPに焼き付けたものを投影し，何が変わり，何が昔のままなのか話し合う。最初Aのパートは教師が受け持つが，徐々に生徒同士の対話に移していく。

A : Some have changed, but some haven't. What changes do you see in this picture?
B : The greatest change is the height of the poplar tree by the main gate. It has grown much taller now. Several more trees were planted also.
A : Do you think the fence is still by the drive?
B : No. It was taken away.
A : Yes. Someone has taken away the fence.
B : Now someone has placed benches along the driveway. They are very convenient when we want to take a rest.

A : They must be. Don't you think there is something here now?
B : Yes, surely. There a statue of a girl is standing.
A : Yes. The students who graduated in 1991 set up the statue.
B : Really? It is interesting to see an old picture.

　ここではできるだけリアルな対話を構成することを目的とする。したがって，主体とする目的が現在完了であったとしても，ことばの形式にこだわらずに，話がどんどん発展していくことがむしろ奨励される。したがってこのタイプの活動では，生徒の対話を刺激する興味深い資料を用意できるかどうかがポイントになる。戦前の町の様子，大学生時代の教師の写真など，生徒の知っている現在と比較すると豊富な話題を提供してくれるような画面がいい。この意味で，教師は常日頃授業に使える資料はないか，アンテナを十分広く張っておく必要がある。

6　関係代名詞の指導

6-1　ステップ1「職業カルタ」

　1．生徒を5～6人のグループに分け，次ページのようなカード30枚から成るカルタのセットを配る。
　2．カルタ取りの要領で，寄せ合った机の上に絵札を並べる。
　3．「名詞＋関係代名詞」の構文を十分に説明し，その連鎖の含まれている発言のみに反応するように指示する。
　4．教師の発言に応じて取った絵札の枚数を競う。

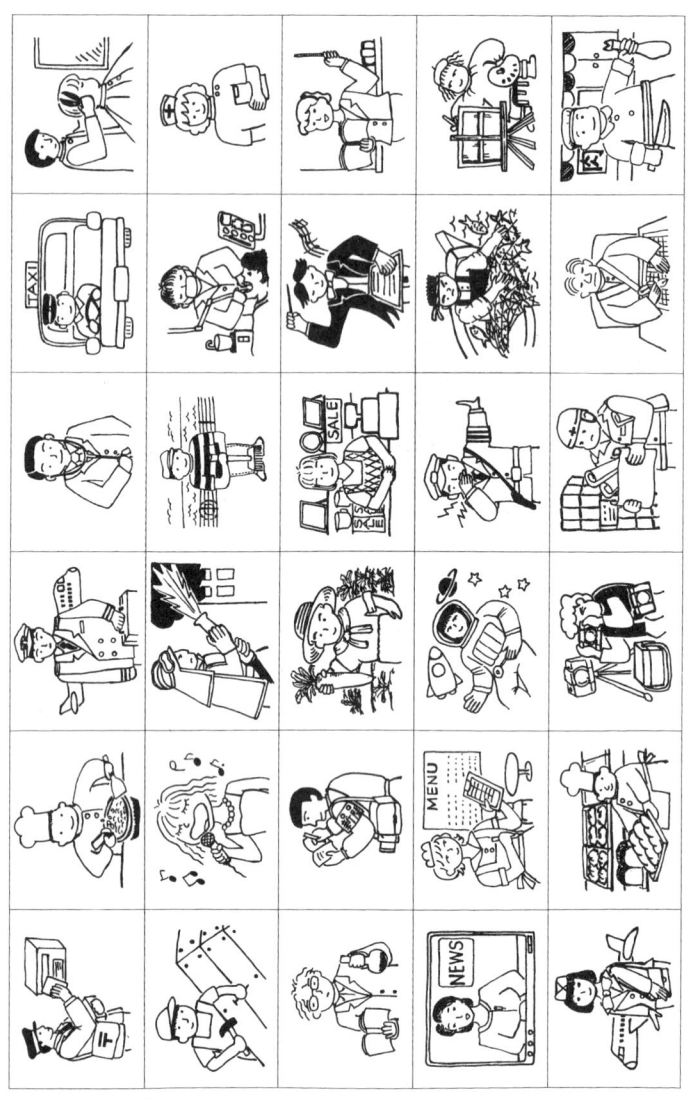

(藤生由美子『中学英語のコミュニカティヴ プラティス』中教, 2000, p. 117から)

This is a person who works at the post office to collect or deliver mail.

He is a person who cooks at a restaurant.

He is the person who flies a plane.

Someone who examines sick people is in this picture.

The person who drives a taxi must be very good at driving.

We see a person who cuts men's hair.

This is a person who is good at building houses.

You see these persons on TV who sing songs on stage.

There is a person who is trained to put out fires.

Your picture shows the kind of person who works on a ship.

Probably you don't like the person who takes care of your teeth.

This is a person who takes care of sick people in the hospital.

Some of you want to be a person who studies science.

This is a person who works at a newspaper company.

The person who grows rice and vegetables must get up early in the morning.

This is a person who sells things at a shop.

The person who conducts an orchestra is called conductor.

You know these persons very well who teach at school.

This is a person who tells us news on radio or television.

This is a person who serves food at a restaurant.

The person who travels through space is called astronaut.

This is a person who protects people from bad persons and dangerous things.

This is a person who fishes in the river or the sea.

Some of you may become the person who paints pictures.

Girls want to become persons who serve food on airplanes.

The person who makes bread and cookies must get up early in the morning.

This is a person who takes pictures.

This is a person who designs machines or buildings.

The person who writes stories for books are called novelist.

Someone who sells and cuts meat is in this picture.
など。

This is a person who 〜の定式的な表現をくり返すと，生徒はその部分を言葉として受け止めなくなってしまうので，Someone who 〜，Some of you who 〜など，できるだけ多様な表現を導入するようにする。またその際，関係代名詞に十分注意が払われるように，次のような detractor を適宜挿入する。

This is the person who flies a plane. に対しては，

Who flies a plane?

Do you know who flies a plane?

Does he fly a plane? など。

Someone who examines sick people is in this picture. に対しては，

Someone is examining sick people.

Who examines sick people?

Tell me who examines sick people. など。

5. お手つきのペナルティは課さないが，誤りがあるたびに構文が違うことを説明する。

　中学校の場合，関係代名詞は理解にとどめることになっているので，構文上の聞き分けを重点に置いたドリルにしてある。情報が空疎な言葉だけにならないように絵カードが用意してあるが，基本的には文型練習に過ぎない。とくにこの場合重要なのは，単語と絵柄を短絡させないために関係詞節でない文も適宜入れることであり，既習の疑問詞 who との違いを認識させることに重点を置く。「お手つき」にペナルティを課さないのもこの理由からであるが，カルタの枚数を稼ぐというタスクに意識が行き過ぎないような注意が肝要である。

　上はカルタ取り方式であるが，枚数を縦 5×横 5 の 25 枚にしてビンゴ方式で行うことも可能である。

6-2　ステップ2「なぞなぞビンゴ」

1. 生徒各自に，次ページのような絵カード16枚1セットを配る。生徒はそれを自由に配列して，4枚×4枚の矩形を作る。
2. それとは別に，それぞれの絵カードに対応した関係代名詞 who, which を含む文を作る材料として，下の英文を1文ずつ記した文字カード16枚を用意しておく。

① We use this thing on a rainy day.
② This sport is played by twenty-two people.
③ Girls give boys candy on St. Valentine's Day.
④ They built the structure about 4,500 years ago in Egypt.
⑤ The wrestlers are in a Japanese traditional sport.

⑥ The food melts quickly if we eat it slowly.
⑦ We go to this place to study every day.
⑧ The game needs black and white stones.
⑨ The lady reads news on TV.
⑩ We usually use this thing when we wash our hands.
⑪ The lady helps us choose books to read.
⑫ We enjoy this machine at an amusement park.
⑬ The lady serves meals on an airplane.
⑭ We eat this food on December 24th or 25th.
⑮ We use this thing for writing on the blackboard.
⑯ This animal lives only in Australia.

3. 任意に生徒をあて，生徒は教師の持つ16枚の文字カードから1枚ひいて，カードに書かれた英文を手がかりに関係代名詞の

含まれた英文を言う。

たとえば,
①の文から,

This is the thing which we use on a rainy day.「かさ」

②の文から,

This is the sport which is played by 22 people.「サッカー」

③の文から,

This is the candy which girls give boys on St. Valentine's Day.「チョコレート」

⑧の文から,

This is the game which needs black and white stones.「碁」

⑬の文から,

This is the person who serves food on an airplane.「スチュワーデス」

⑯の文から,

This is the animal which lives only in Australia.「コアラ」

など。

4. 生徒は言われた関係代名詞を含む文が何を意味しているか推察して,自分の前に並べたカードのうち該当するカードを裏返しにしていく。

5. 読み上げられた絵が1列に並んだところで終わり。

ステップ1では関係代名詞の聞き分けがテーマであったが,ここでは関係代名詞を含む文を表出をすることを活動に加えてある。主格,目的格,who,which が入り混じっているので機械的に同じパタンを繰り返せばいいというものではない。しかし,それは定式的な文型の中にはめられており,その発話内容自体はそれほどコミュニカティブな意味内容を持つものではない。生徒の関心

は，自分の手元にあるビンゴ表を完成させるというタスクに向けられており，関係代名詞が正しく使われているかどうかチェックすることはしないのが普通である。そのために，文法的に正しい文の時だけ絵カードを裏返しすることを許し，非文法の発言でカードを動かした時には1回休みのペナルティを課すというやり方もあるが，実際には困難であろう。活動を始める前に，定型文を構造を再確認しなければならないことはもちろんだが，ステップ2（タスク活動A）はタスクの達成が活動の主なねらいと割り切る。作業が単純なだけ，ゲーム的な面白みが大きく，生徒は結構熱中する。

　ここで注意する点は，生徒がゲームと受け止めても表を完成させる cue は3で読み上げる英文の最初の部分 This is a game/sport ～で十分であり，教師側のねらいは生徒が作文する英文に関係代名詞が正しく用いられるということにある。

6-3　ステップ3「なそなぞカルタ」

1.　次ページのような絵札30枚に対して，それぞれ次のような読み札を用意する。

---

1. This is something you use outdoors.
2. It is not very expensive usually.
3. This is something you need when it rains.　　　　（かさ）

---

1. This is something you play with.
2. This is a sport that is very popular among young people.
3. This is a sport that is played by 22 players.　　（サッカー）

(藤生由美子『中学英語のコミュニカティヴ プラクティス』中教, 2000, p. 128から)

1. This is something that is loved by many poeple.
2. This is something that you can eat.
3. This is the candy that girls give to boys on St. Valentine's Day. (チョコレート)

---

1. This is something that is really big.
2. This is something that is really old, too.
3. You can find them in Egypt. (ピラミッド)

---

1. This is something that is fairly small.
2. This is something you need when you mail a letter.
3. You must attach it to your letters. (切手)

---

1. This is something that is round.
2. This is something you can find in the classroom.
3. There are many countries drawn on it. (地球儀)

---

1. This is a sport that is very old, but still popular.
2. This is a sport that is traditional in Japan.
3. We see the sport on TV and hear it on the radio. (相撲)

---

1. This is something that you have to eat quickly.
2. This is a food that is very popular in summer.
3. It melts away if you eat it slowly. (アイスクリーム)

1. This is a building that you come to every day.
2. This is a building that is for study.
3. You will see many students there. （学校）

---

1. This is a game that is popular in Japan.
2. This is a game that needs white stones and black stones.
3. There is a small table between two players. （碁）

---

1. This is something you need in the morning.
2. People usually drink it in the morning.
3. This is a sort of gift that cows give us. （ミルク）

---

1. This is something that is very beautiful.
2. This is a building that is old and very famous
3. Many students visit there on their school trips. （金閣寺）

---

1. This is something that is delivered by a motorcyclist.
2. This is a food that is not traditional Japanese.
3. It is round, but we usually eat a few pieces of it. （ピザ）

---

1. This is something that we can't eat.
2. This is something that we use when we wash things.
3. It is something that we usually find in a bathroom.

（石けん）

1. This is some place we know very well.
2. We have one in our school.
3. This is a building that has many books in it.　　（図書館）

1. This is something you like.
2. This is something you are scared about.
3. This is something you find in an amusement park.

　　　　　　　　　　　　　　　　（ジェットコースター）

1. This is some place you don't like to go to.
2. This is a building you have to visit sometimes.
3. This is a building that has many doctors and nurses.

　　　　　　　　　　　　　　　　　　　　　　（病院）

1. This is a place that is really big.
2. This is a place that is far from here.
3. This is a country that you see next to Japan.　　（中国）

1. This is something that you all have.
2. This is something that is thick and short.
3. This is something that is part of your body.　　（親指）

1. This is something that you love.
2. This is something that you can eat.
3. This is something that you eat once a year.

(クリスマスケーキ)

---

1. This is something that you see very often.
2. This is something that you can find in this room.
3. This is something that you need for writing on the blackboard. (チョーク)

---

1. This is an animal that you love.
2. This is an animal that you see in a zoo.
3. This is an animal that lives in Australia. (コアラ)

---

1. This is an animal that is big.
2. This is an animal that you see in the country.
3. This is an animal that gives you milk. (牛)

---

1. This is something that you like.
2. This is something that you get once a year.
3. This is something that is part of New Year Day. (年賀状)

1. This is an animal that is big.
2. This is an animal that you see in a zoo.
3. This is an animal that has a long neck. (キリン)

---

1. This is a sport that you do outdoors.
2. This is a sport that you can't do in Okinawa.
3. This is a sport that you can enjoy only in winter. (スキー)

---

1. This is an animal that you don't like.
2. This is an animal that is dangerous.
3. This is an animal that has a long body and no legs.

(コブラ)

---

1. This is something that is dangerous sometimes.
2. This is something that you need in cooking.
3. This is something that cuts things. (包丁)

---

1. This is something that you see very often.
2. This is somethig that you can't touch.
3. This is something that you see in the night sky. (月)

---

1. This is something that you like.
2. This is something that often has jewels in it.
3. This is something that plays music when it is opened.

(オルゴール)

上述のように，文字カードはなぞなぞのヒントがだんだん狭まるような3つの英文で構成されている。

2．生徒を4〜5人のグループに分け，1グループに絵札と読み札の1セットを与える。各自6〜7枚の読み札を受け持つことになる。

3．読み手は回り順番に自分の読み札を読み上げる。その際，第1から第2，さらに第3のヒントに至るのに十分な時間を取るようにする。

4．お手つきはペナルティなしにする。

5．グループごとに取った絵札の枚数を競う。

これは基本的になぞなぞカルタであり，関係代名詞構文の形式についてのドリルであるという意識は希薄になっている。読み上げる英文は，ぼんやりとしたヒントから具体的なヒントへと並べてあるので，聞き手はヒントによく耳を傾けて内容を聞き取ることが要求される。第3のヒントでも答えの見つからない場合には，読み手が自分の判断でさらに具体的なヒントを付け加えるように指示しておく。聞き手は，Could you repeat that, please? One more hint. What is that ... などとヒントを催促したり，繰り返しを要求することで，カルタ取りであっても双方向の会話が可能になる。ステップ3（タスク活動B）にあっては，むしろこの部分に活動を焦点を合わせることが望ましいのであって，「聞き返し」を大いに奨励することから始めるのがいい。

6-4 ステップ4「食べ物問答」

1．全部が食べ物の絵で構成された次ページのような30枚のカルタセットを作る。

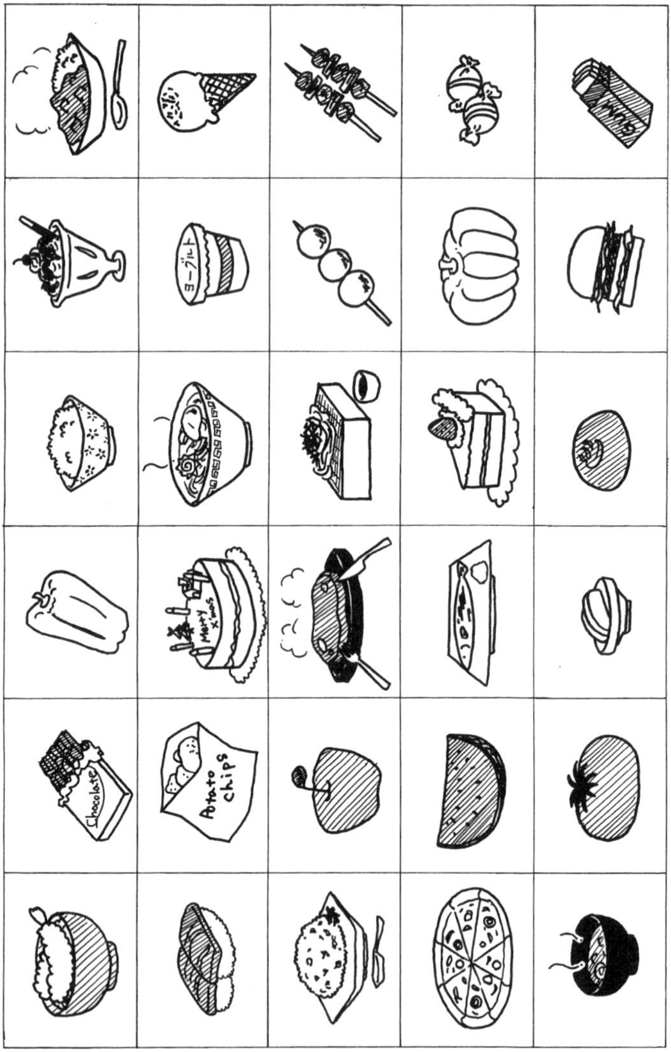
GUM
ヨーグルト
Merry X'mas
Chocolate
Potato chips

2. 生徒を6～7人のグループに分け，1つのグループごとに絵札を一組配る。教師は同じセットを手に持つ。

3. 最初のヒントは教師から与えるが，次からは生徒の質問に応じて答える。生徒は手を挙げずに積極的に発言することを奨励する。

4. 教師の答えは，最初該当カードが多くなるように答え，質問の進行に応じて徐々に目指すカードが絞り込めるように配慮する。

5. 生徒は分かった時点で絵札を取る。ただし，お手つきはマイナス点として計算するので，確信が持てるまで質問を重ねるように指示しておく。

6. 取った枚数の多さを競う。

「ピザ」の絵札の場合。

T：It's round when it is finished.
S：Is it a Japanese dish?
T：Not traditionally.
S：Do we eat it at a restaurant?
T：Yes, we do. But we eat it at home, too.
S：Do we eat it with a knife and fork?
T：No. We usually eat it with our fingers.
S：Is it Italian food?
T：Yes, it is.

基本的には"twenty-questions"タイプの言語ゲームをカルタ取りに応用したものであるが，英語名でなく絵柄で正解を示すことができるという点が中学校レベルでの利点である。生徒の質問によって絵札の識別が段階的に進んでいくように，なるべく同一

テーマで絵札を構成するのがよい。上述の食べ物の他に，四足動物，世界の都市などでカルタを作ることができる。上記のステップ3との基本的な違いは，カードの取り手の質問によってゲームが進行することで，その質問には一切語彙・文法の枠がはめられていないことである。

　このゲームでは次から次と生徒が質問を投げかけてくることがポイントになる。したがって，事前に質問の絞り込み方を訓練しておく必要がある。食べ物カルタの場合は，①調理の仕方（How do we cook it?），②和食・洋食の別（Is it a traditional Japanese food?），③おやつか食事か（Do we eat it as a snack or as a meal?），④外で食べるものか（Can we eat it outdoors?），⑤食堂で食べるものか（Do we eat it at a restaurant?），⑥配達してもらえるか（Is it delivered to our home?），などが考えられる。

　生徒だけでなく，教師にとっても語彙・文型の支えのない文を次々に作り出すことは容易ではない。しかし，そこがまさに実践的コミュニケーションで要求される能力であることを意識しなければならない。

2 高等学校の言語材料を例に

1 比較表現の指導

1-1 ステップ1「好きな食べ物は」

1. 全員に次の表を2枚配る。うち1枚は自分用で，他は友人用である。

2. 自分用の表に自分の嗜好の程度を5段階に評価して，状況に合わせて食事の名前を空欄に書き込む。当然1つの欄に数品が重なる。

Your choice of food		Name............................			
Situation	1st	2nd	3rd	4th	5th
When you are out on a date					
When you eat out alone on your day off					
Menue: sushi; pizza; *ramen*; *soba*; sandwich; curry; hamburger					

3. ペアを組んで，相手の嗜好がどんな順番であったか，友人

用の用紙の空欄を埋めていく。質問文は2つの食品を取り上げ,そのどちらがより好ましいか尋ねる形式にする。

たとえば,

Do you prefer sushi or a sandwich when you are out on a date?

Could you tell me which food you like better, *soba* or curry, when you eat out on your day off?

Is *ramen* your choice over curry when you are on a date with your boy/girlfriend?

4. 答える側は,次の構文のどれかを使って返答する。できるだけ4種の構文をまんべんなく使うように指示する。

like .... (a little / much / far) better than ....
prefer .... to ....
love .... no better [less] than ....
like [hate]............... as well as ....

5. 少ない数の質問で表が完成したほうが勝ち。全部が完成しなくても,質問文が8個を越えた時にはそこで打ち切り,埋まった欄の数の多さで勝負を決める。

食事や食べ物の嗜好をテーマにした教科書教材(例えば *One World* II, L.12 Culture Orientation(教育出版)など)で,複雑な比較表現を復習するための高2レベルの活動である。中学レベルであれば,better than とか as well as などの構文に限定して,同様の活動を組むことになる。

このステップ1(言語活動)では,使用する構文や語彙に関して選択の自由はきわめて限られているが,自分の作成した表を見ながら4種の構文を意味ある場面で使うところにポイントがある。複雑な比較表現は生徒が最も苦手に感じるところであるが,さま

ざまな表現方法を定式化して，意味ある場面のなかで即座に反応することを目指している。

1-2 ステップ2「クラスの食事傾向調査」

1. "Let's find out the eating habits of Mr./Miss 3-A"という聞き取り調査を行うことを予告して，事前に各自，次の質問に答えられるように指示しておく。

①家族で外食するのは月何回ぐらいか
②朝食はご飯派かパン派か（ないしは食べるものは摂らない）
③外食するとすれば中華，和食，洋食それともエスニックなど，どれが好みか
④ファーストフード系であれば，ピザ，ハンバーガー，そばなど，どれか
⑤昼食で許せる範囲の値段はどのくらいか。

2. クラスを，①外食回数班，②朝食調査班，③外食嗜好班，④ファーストフード班，⑤昼食経費班に分け，班内で手分けしてクラス全員に聞き取り調査を行わせる。

3. 聞き取り調査の前に，各班内で反応を予測して調査項目を設定しておく（例えば外食回数であれば，more often than once a week, several times a month, about once a month, less often than once a month）など。

4. 聞き取り調査は，Does your family eat out rarely / very often? Does your family eat out once a month / more often than once a month? など，Yes, No で答えられる質問をし，直接，How often does your family eat out? のような質問文は使わないことにする。

5. 手分けした範囲の生徒の聞き取りが終わったら班に戻って

結果を集計し，クラスの平均像を決定する。

6．教師は各班の発表をもとに Mr./Miss 3-A's eating habits として後日プリントにまとめる。他のクラスと比較する。

きわめてありふれたインタービュー・ゲームの手法であるが，聞き取り調査の反応は事前に示された数個の選択肢から選ぶのではなく，Yes-No question の質問文に答えることによって，少なくとも数回の言葉のやりとりができるように仕組んである。したがって質問文は，たとえば次のような文言に決めておく。

②の朝食調査では，

　Do you eat rice for breakfast?

　Is toast your usual breakfast?

　Do you eat something for breakfast?

③の外食嗜好では，

　Do you often eat at Chinese restaurants?

　Do you go out to eat Indian dishes?

　Are there any good restaurants in the town you often go to?

④のファーストフードでは，

　Do you like McDonald's better than Pizza Hut?

　Do you like eating at soba stands?

　Do you eat at revolving shushi restaurants more often than at hamburger stands?

⑤の昼食経費では，

　Do you think 500 yen is reasonable for lunch?

　Is 500 yen too expensive for lunch cost?

　Do you spend more than 500 yen for your lunch?　など。

ターゲットにしている言語材料は一応比較表現であるが，対話

の進展に応じてさまざまな構文をクリエイティブに使うように指示する。統計結果のまとめ方も教師が事前に提示するのではなく，担当する班内で統計項目を設定するのがよいであろう。

ステップ2の活動は，タスクの達成が主眼となるタイプであるが，単なる情報収集になって言葉の使用が省略されてしまわないように，とくに気をつけなければならない。したがって，本活動の場合，「回数を聞く」「食品を尋ねる」「値段を問う」などは，How often, Which food, How much などで始まる特殊質問文が自然であろうが，ここでは Yes-No question のみを使うという枠をはめてある。

1-3 ステップ3「食事に誘おう」

1. ペアを作り，AとBにそれぞれ次のシートAとシートBを配る。

シートA

1. It's time for lunch. I'm going to eat out today. Won't you join me?
   （空腹。どこに行くつもり？）
2. Well, I don't know yet. Do you have any suggestion?
   （別に決めてない。〜ではどう？）
3. Sounds interesting, but it's too heavy / hot / light / spicy for my lunch. I would like to have something simple / more sumptuous / less spicy.
   （じゃどうする？）
4. Don't you feel like giving some ethnic restaurant a try? I

heard a new Thai / Indonesian / Italian / Korean restaurant has opened near here.

(行ったことがある。味のわりには高い)

5. Oh, really? How much do you want to pay for lunch, then?

(〜くらいかな)

6. Okay. Then let's go to MacDonald's, / Taco Bell / Denny's / Pizza Hut because ＿＿＿＿＿.

(賛成，そうしよう)

シート B

(腹が減った。食事に行かない？)

1. Yes, I'm starving, too. Where are you going?

(決めてない。どこかいいところある？)

2. Not particularly. I haven't decided, either. But how about going out for Chinese / Mexican / Italian?

(良さそう。でも少し〜過ぎる。昼にはもっと〜がいい)

3. Then what is your idea?

(エスニック風はどう。近所に〜レストランができたそうだが)

4. Yes, I know. I have been there once. But I found the food there was not good enough to justify its price.

(おやそう？　今日はいくらぐらいにする？)

5. In the range of 500 / 800 / 1,000 yen.

(じゃ，いつものファーストフードで〜にしよう)

6. That's a good idea. I like the restaurant because ＿＿＿＿.

2. 自分に与えられたスクリプトでチョイスを求められているところに○をつけ，空欄になっているところは会話の流れを考え

て文章をつけたしておく。

3．ペアで対話をする。一度はスクリプト通りに対話する。

4．ペアの相手を変える。チョイスの部分を意外なもの（たとえば，ロシア料理，5,000円など）に換え，必要に応じて他の部分も変化させて会話する。

ロールプレイと言われる活動のなかでも，上掲のものはインタラクションの余地が比較的少ないもので，ステップ3としては生徒反応の自由度が少ない。しかし，それは反応のにぶいクラスでもあまり抵抗なく実践できるタイプだという証拠である。タスク活動Bタイプとして，もっと自由に対話が発展していくようにし向けるのであれば，上掲のスクリプトでも，例えば，How about going to a Thai restaurant? のあとで，I want something not ordinary. とか，I seek a new experience. だとか，I'm interested in Thai culture. などのもう一言を付け加えることを義務づけることにする。これによって，より実践的なコミュニケーションへの橋渡しになるであろう。

このロールプレイの範疇に入る活動でとくに大切にしなければいけないのは，スクリプトがどうであってもその場の相手役のせりふに合わせて，即興で会話を進行させていかなければならないことである。生徒の学習レベルに合わせて，こうした「意味のやりとり（negotiation of meaning）」に対話が発展していくように配慮することが，ステップ3の特徴である。

1-4　ステップ4「本音は言わない」

1．ペアにそれぞれ指人形（市販または自作）を与えて，2人で自由に対話を創作することが課題であることを告げる。

2．たとえばAに男の子の人形を与え，相手をパスタの店に誘うこと，Bには女の子の人形を与え，男の子の発言に必ず異論を唱えること，本心は寿司屋へ行きたいのだが，決して「すしを食べたい」と自分から言わず，Aのほうから寿司屋へ行こうと提案するようにし向ける，といった対話の基本的な流れのみを与えておく。なお，この指示はそれぞれに別のメモを渡すことで，相手の意向は知らない状態で会話がスタートする。

たとえば，

A：Did you know a new pasta shop was opened last week?
B：Really? Where is it?
A：Actually quite close to this building. Aren't you interested in trying the food there?
B：Yeah. Do you mean right now?
A：Yes. It's half past eleven. It's the best time for lunch. It is usually crowded after twelve o'clock.
B：Well, I'm not very hungry. I don't feel like enjoying a big meal.
A：Then we can order a children's meal.
B：To tell the truth, I don't like greasy food.
A：Then how about soba. There is a good soba shop nearby.
B：Soba is a noodle, too. I don't eat noodles for lunch. I would prefer a rice dish.
A：Do you want to buy a obento?
B：No. I would like to eat out.
A：Okay. So how about sushi?
A：Yes. Probably that is the best idea. Let's go.

などとなる。

4．ペアごとに練習したあとで，数組を選んで全体に発表させ

る。その際，対話の展開をメモしておくことはいいが，絶対にそれを見ずに即興で対話を進行させるようにする。

　5．聴衆の生徒は「ふたりの対話が分かった」という1点のみから対話の終了ごとに5段階評価（挙手をして，評点に応じて指を開く）を与える。ただしこれは記録するようなことはしない。

ロールプレイで指人形を使うというのは，「演じる」ことの抵抗感を減らす意味できわめて有効である。もちろん紙に顔を描いて丸めただけの指人形でもいいのだが，できれば幼稚園などで用いる市販されている指人形を用いると簡便である。これにはさまざまなセットが組み合わせられており，動物や，王様，魔女，看護婦，おじいさん，赤ん坊などいろいろな場面を設定することができる（10体の人形1セットで15,000円前後）。人形を手渡された時の「かわいいー」という反応が，スキット作りの動機づけに役立っていることは間違いない。回を重ねると，人形のキャラクターに応じて，ドラキュラはニンニク料理が食べられない，象はベジタリアンでなければならない，おばあさんなら梅干しがいい，などのように，人形の性格づけに応じた対話を楽しむ余裕が出てくる。

2 分詞・目的補語の用法を中心に

2-1 ステップ1「名画鑑賞」

1. 下のピーター・ブリューゲルの絵をOHP（できたらカラー）で投影し，絵の内容について生徒と話し合う。

教師：You know this picture. Does anybody know who drew this painting?

　This is my favorite picture. It was drawn by Pieter Brueghel in 1565, in the age of Oda Nobunaga. It is a very old picture, but we can still tell what people were doing during the long winter in northern Europe. Let's talk about these figures today. First, please tell me what you see in the picture.

生徒：We see three hunters returning from their hunt.
生徒：Several dogs are following them.
教師：Yes. We can almost hear the dogs barking. What do you see on their left.
生徒：I can see a fire burning.
教師：Yes. The people working near the fire must be blacksmiths. They are making some farming tools. We can almost feel burning hot iron. What else do you see?
生徒：I see people skating on the ice.
生徒：I see two ladies enjoying a sleigh ride, too.
教師：What are these people doing?
生徒：They are fishing. They are ice fishing.
教師：Have you gone ice fishing before?
生徒：No. Niigata is too warm for ice fishing.
生徒：I see someone carrying firewood on her shoulder.
教師：Where? Oh, here she is. She is walking over the bridge here.

など。

2. 生徒との問答を通して，

People are skating

We can see them fishing on the ice.

People working near the fire must be blacksmiths.

などの構文を確認，板書していく。

3. 「〜が〜しているのが見える」の英文を順に言わせる。既に言われたところは無効であるので，だんだん絵の細かな点にまで注意がいくようになる。答えられなければ起立。

5. 新しい英文が生まれなくなった時点で終了。

絵や写真を見て，その状況を学習構文を使って描写する言語活動はそれほど珍しいものではないが，ここでは生徒（実践例は新潟県の高校生）に身近なテーマとして，400年前の北ヨーロッパ（ベルギー）の冬の生活を想像するというところに意味を持たせた。上記でも「氷上のつりを経験したことがあるか」など，画面の描写から離れて生徒自身のことにまで言及しているところがあるが，詳細に絵を鑑賞したあとで，It looks very cold. That life must be hard. The snow is not as deep as here. など，自発的に感想が表出されるようになればなおよい。

2-2 ステップ2「目的補語ビンゴ」

1. 次ページの絵カードを切り離し，それを生徒全員が各自の机の上に，4行×4列に順不同で並べる。それぞれの絵についている英文は切り離して，カードの裏面に貼り付けておく

2. 教師は，I saw a bird caught by the girl. と I saw the girl catch the bird. の構文上の違いを解説したあとで，目的語によって後続の語形が変わることを確認し，類似の絵カードはその違いに注目して描かれていることを分からせる。

3. 1.とは別に教師は前掲の絵カードの英文の部分を切り離し，文字だけから成る16枚の文カードを作る。

4. 教師は順不同で文カードを読み上げる。生徒は該当の絵カードを裏返す。教師の英文と一致しているか裏面に貼り付けてある文と照合する。必要に応じて日本語訳で補足する。

5. 裏返しの絵カードが縦・横・斜めで一線に並んだところでビンゴと叫ぶ。

6. 全員がビンゴになるまで続ける。

7. 次に，文カードをばらばらにして生徒に1文ずつ読ませ，

I saw an old lady hit by a car.	I saw a car hit an old lady.
I couldn't make myself understood in English.	I couldn't make the foreigner understand what the sign said.
I heard someone knock at our front door.	I heard the door being knocked on.
I have kept the water boiling for a few minutes.	I have kept the curry heated.

I had my hair cut.	I had a new suit made.
A bad student started him coughing.	He started coughing when he saw the smoke.
I smell something burning in the oven.	I found my fish burned in the oven.
I saw her crossing the street.	I saw him coming upstairs.

(高橋・春日・小林『高校英語のコミュニカティヴ プライス』中教, 2000, pp. 90-91)

同様の活動を繰り返す。

　目的語と目的語補語との関係を絵柄で表現するのはなかなか難しいので，日本語による補足説明も必要であろう。目的語と目的語補語とのネクサス関係は複雑なので，現在分詞・過去分詞・原形不定詞とその使い分けは生徒にとって難しいものである。ここでは，能動・受動の表現の違いを認識できるか，というタスクだけに活動の焦点を絞ってある。

2-3　ステップ3「楽しい仲間」

　1．OHPで次ページの図（できたらカラー）を投影。30秒だけ全体を眺め，できるだけ視覚的に記憶するように指示する。
　2．数個の紙片をこの図に振りまき，その隠れた部分には何が見えていたのかを問答し合う活動。教師対生徒全体で行う。
　3．クラス全体での活動で要領が飲み込めたら，次に別の同様な図柄を用意し，ペアドリル用にペアの片方に1枚ずつ配る。ペアの1人が教師役で質問し，他方がそれに答える。
　4．質問文は What did you see here? を定型とするが，解答は I saw 〜 …ing, There was 〜, 〜 was …ing, I remember 〜 など多彩になるはずである。どの形であってもタスク達成には関係ないが，教師が介在できる場面では，Why do you think so? What are they singing? など，対話が発展するように配慮する。
　5．紙片を1枚ずつ取り除いていって，全部なくなったところで活動は終わる。

　OHPのトラペンの上にちぎった紙片をばら撒き，それをピンセットで1つずつ取り除きながら対話のきっかけを作っていく手

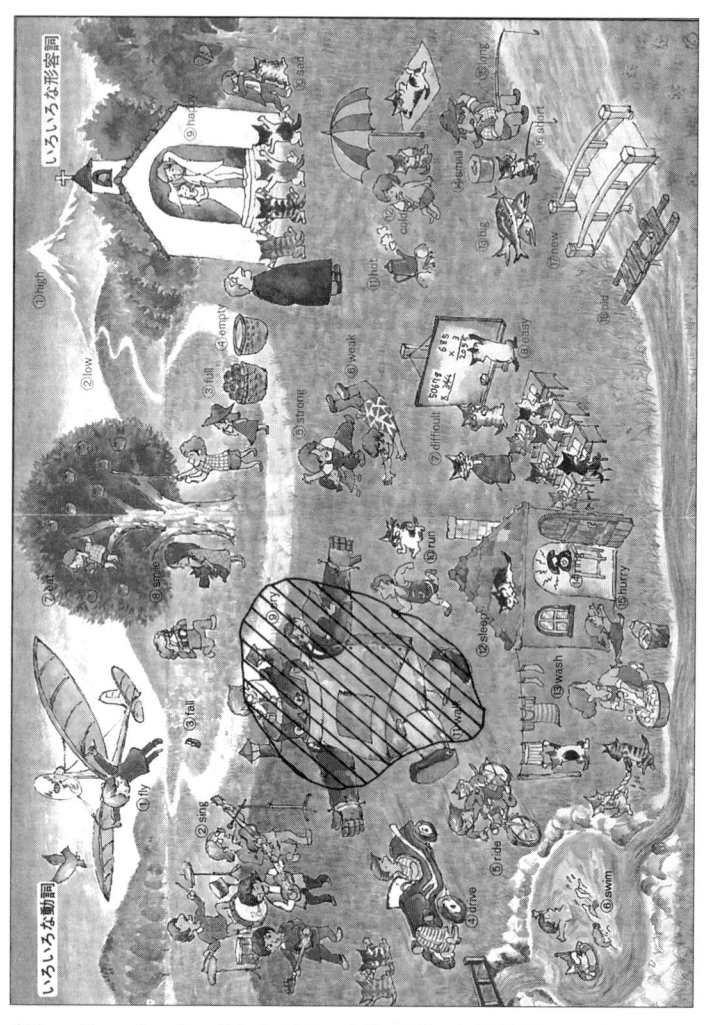

(*New Everyday English* 2, 1984, 中教出版, 表扉見返しから)

法は，意外な発話を導くことがあって面白い。次は前図で斜線を
ほどこした部分が隠れていた場合の問答である。

教師：What did you see here?

生徒：I saw a robot there. It was very big.

教師：Was it moving?

生徒：Yes. It was walking.

教師：So you saw a huge robot walking here. Did you see someone operating it?

生徒：No, I didn't see anyone.

教師：Well, a boy was riding the robot, sitting on the top of its head. Now do you see him?（と紙片をずらしていく）

生徒：The girl on its left arm was crying. Why was she crying?

生徒：She must be scared.

2-4 ステップ4「心中観照」

1．「今日は心理テストをして，あなたの本性をあばきます」
と宣言し，ペアを作ってtesterとtesteeを決める。「testeeは目
をつぶり，言われるままにある状況を思い浮かべてから，tester
の質問に正直に答えなさい」と命じ，testerには次の1セット6
枚のカード渡し，よく切るように言う。

---

① Command: Have an image of a man and a woman facing each other.

Question: Which is on the right, the man or the woman?

(A woman on the right → a)

---

② Command: Imagine there is a flower in a vase in the room.
   Question: Is the flower red or not?

   (A red flower → a)

③ Command: Have a mental picture of a book lying on a table.
   Question: Is there anything else on the table beside the book?

   (Nothing → a)

⑤ Command: Imagine you are standing alone in the open fields.
   Question: Are you folding your arms in front of you?

   (Folding arms → a)

⑤ Command: Have a picture of a bird singing in your mind.
   Question: Is the bird flying or not?

   (Flying → a)

⑥ Command: Have a mental picture of a fish swimming in a water tank.
   Question: How large is the fish? Is it larger than five centimeters?

   (larger than 5cm. → a)

4. testerはよく切ったカードを上から取って、カードに記してある命令をtesteeに伝える。testeeは言われた通り、心中にあるものをイメージする。続いてtesterは、そのイメージに関した質問をカードに記してあるように読み上げる。

たとえば①では,

Tester: Be relaxed. I will ask you something and you have a certain image in your mind. First please have a mental image of a man and a woman facing each other.

Testee:（向かい合った男女をイメージする）

Tester: Then on which side is the woman?

Testee: Well the woman is on the right.

Tester: Okay. You're A on the first level.

のようになる。

4． Testee は質問に答える。その答えがカードに記してあるようであればa，そうでなければbとして下図の枝分かれの道をたどる。

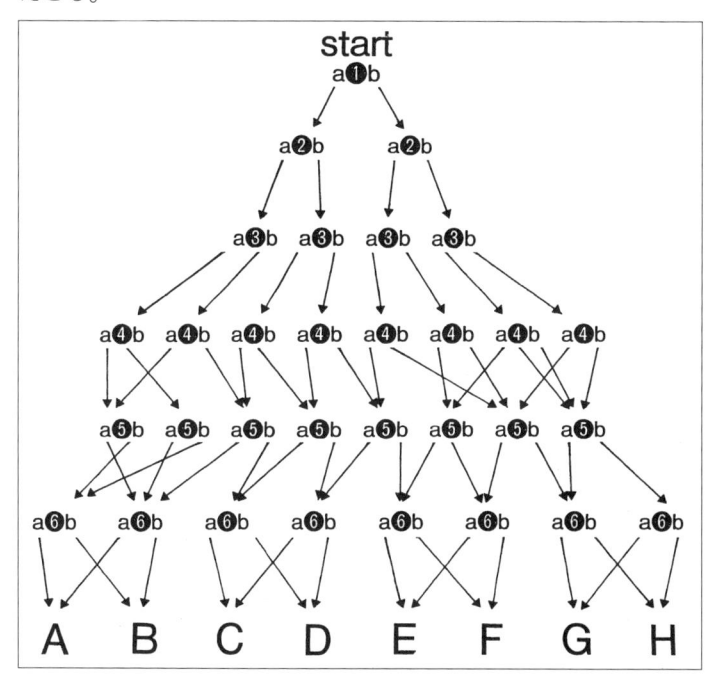

```
                           start
                           a❶b
                          ↙    ↘
                       a❷b      a❷b
                      ↙  ↘     ↙  ↘
                   a❸b  a❸b  a❸b  a❸b
                   ↙↘   ↙↘   ↙↘   ↙↘
                a❹b a❹b a❹b a❹b a❹b a❹b a❹b a❹b
                ...
                a❺b a❺b a❺b a❺b a❺b a❺b a❺b a❺b
                ...
                a❻b a❻b a❻b a❻b a❻b a❻b a❻b a❻b
                ↙↘ ↙↘ ↙↘ ↙↘ ↙↘ ↙↘ ↙↘ ↙↘
                 A   B   C   D   E   F   G   H
```

A = You are kind-hearted.　　**E** = You are egoistic.
B = You are compassionate.　**F** = You are self-conscious.
C = You are generous.　　　**G** = You are indifferent.
D = You are a hypocrite.　　**H** = You are cold-blooded.

5．同様の手順をくり返して⑥までたどったら，矢印の方向の性格描写を読み，testee に伝える。

6．役割を交代してカードを切り直し，同じ手順をたどったあとで testee の性格判断をする。

　上記のように，カードが示した command と question を読み上げ，枝分かれ図をたどるだけではステップ4とは呼べない。この活動の手順に慣れたところで，⑤や⑥の段階では記載されている command ではなく，tester 自身が創作したものに換え，a か b かの判断も生徒自身にさせることで実践的コミュニケーション活動へとつなげていくことができる。

　心理テスト風になっているが，カードを自由にシャッフルして使うことからも分かる通り，性格判断の科学的根拠は全くない。しかし，「あるいは」と思わせる教師の話術が生徒の取り組みを変える。性格判断がされたあとで，なにか思い当たる節はないか尋ねると，コミュニケーション活動がさらに深まる。たとえば，You are cold-blooded. と判断された生徒とは，

　教師：You're cold-blooded? I don't believe it. You are really kind-hearted.

　生徒：Thank you. But sometimes I act like a cold-blooded person. Yesterday I could not take a stray cat home because my mother would not feel very happy with it. It looked so helpless.

などが考えられる。

3 仮定法の指導

3-1 ステップ1「忠告します」

1. ペアを作り，それぞれに次のプリントのいずれかを配布する。

［失敗事例］
1. I was late for the class again today.
2. I forgot to drop the letter into the mailbox.
3. I got a poor mark on the math exam.
4. I left my dictionary in the library.
5. _____.

［忠告］
a. You should have dialed the number while looking at your notes.
b. You should have put it on automatic recording mode.
c. You should have left your home earlier.
d. You should have looked around before you got off.

［失敗事例］
1. I missed the train / bus I usually take for school.
2. I forgot to record a very interesting TV program on the VCR.
3. I left my bag on the train / bus.
4. I dialed the wrong number when I called my friend.
5. _____.

> [忠告]
> a. You should not have spent too much time on computer games.
> b. You should have gone to bed much earlier last night.
> c. You should have carried it in your hand.
> d. You should have checked your seat before you left.

　2. 各自のプリントを理解したうえで，[失敗事例]の空欄に自分自身の場合を考え，英文を1文追加する。

　3. ペアの片方が[失敗事例]を読み上げて，他方はOh, that's too bad.などの同情の言葉で反応したあと，適当な[忠告]事例を選択して読む。

　4. そのつど役割を交代して，4つの対話が終わったら自分の失敗（[失敗事例]の空欄に記入したもの）を告白する。

　5. ペアの他方はその内容を考えて，適切な忠告（「あなたは〜すべきだったのだ」の"should have＋p.p."の構文で）を与える。

　6. クラス全体がひと通り終わったところで，空欄に記入した対話を全体に発表する。

　仮定法過去完了の文例としてよく取り上げられるIf you had not helped me, I would have gone bankrupt.のような構文は，生徒にとって極めて無意味であり，かつ自らがそのような英文を表出する場面は考えにくい。したがって，ここではより一般的な「〜すべきだったのに」の表現を導く活動が提示してある。

　[忠告]欄に示したものは常識的な反応であるから，生徒のレベルによってはそれ以外の独自の表現（たとえば，I was late for class.に対しては，You should have left home earlier. /

You should have skipped breakfast. / You should have taken a taxi. / You should have given up the idea of coming to school. / You should have carried an alarm clock with you. など) を付け加えたり，入れ替えたりすることを奨励する。こうした定型タイプの対話練習においても，I'm sorry to hear that. / Oh, did you? / You did it again! / You're so careless. など，即興的な合いの手を入れることは，実践的コミュニケーション能力に発展させていくうえできわめて重要なことである。「ひと言余計に」を練習の初期のうちから習慣づけておくのがいい。

クラスのレベルによっては，活動の最後の部分，つまり自分自身の失敗談を英文1文で表現することは即興的に無理かもしれず，またそれに対応する［忠告］を "should have＋p.p." 構文で構成することはさらに難しいかもしれない。宿題にすることも十分考えられるが，できるだけ即興的に対応するコツを覚えさせたい。実際のコミュニケーションでは，こうした即興性 (improvisaton) がきわめて大きな意味を持つことを理解させるのである。

3-2 ステップ2「花束は誰から」

1. OHPで前ページの絵を示し，教室にはクラスで飼っている熱帯魚がいて，窓の外には別棟の図書館があり，その屋上に気象観測設備があることを納得させる。8人グループを作って，次のカードのいずれかを1人1枚ずつ持たせる（4人グループなら1人2枚ずつ）。次のように状況を説明する。

「夏休みのある日，教室に花束が置いてありました。婚約した田中先生へのお祝いでしょう。用務員さんは生徒の誰かが午前10時頃教室に入るのを見ています。その日の午後，学校にいる8人の生徒が田中先生と話しています。生徒の話しぶりから察して，10時頃花束を持ってきてくれた生徒を推量してみよう。8人のうち誰が一番可能性が高いか，という問題です。」

正男：If I could have, I would have been meeting with Hanako.
　　　But I got up too late.
　　　I called Yoshiko at ten o'clock when I got up.

花子：I wish I could have fed the goldfish in the room myself.
　　　I love to see the fish swimming in the tank.
　　　I promised to meet Masao around ten in the park.

賢治：I should have come to school in the morning, but I forgot.
　　　I am in charge of the fish in our room for the week.
　　　The fish must be fed regularly at nine every morning.

直子：If it had been fine, I wouldn't have come to school in the

> morning.
>
> I had planned to go hiking with Takeshi.
>
> It would have been more fun.

剛：If it had been fine, I shouldn't have been in the library and spent the whole morning there.

　　I would have been enjoying hiking with Naoko.

太郎：If I had been told so, I would have been willing to come to feed the fish.

　　I had to come to school in the morning anyway.

和子：If I had not talked with Masao over the phone so long, I could have come to school by eleven o'clock.

　　Taro, Hiroko and I belong to the school meteorological club.

弘子：I wish I had not joined the school meteorogical club.

　　We have to check the weather data at ten o'clock every day.

　　Our weather station was on top of the library building.

　2．与えられたカードをしっかり理解したうえで，グループ全員に理解してもらうように読み上げる。メンバーは聞きながらメモ取る。「仮定」の記述と「事実」が入り交じっているところに

注意するように指示する。

3．読みが一巡したら，理解が不完全な部分を確認するためのQ＆Aをグループ内で行う。

4．結論が出たら班長が教師のところへ報告に来る。

［答：直子］

　過去の事実と反する仮定という仮定法過去完了の用法を，インフォメーション・ギャップのゲーム手法に応用したものである。「～していただろうに」→「結局しなかった」という意味の展開が把握できるかどうかがポイントになる。またゲーム的要素を盛り込むために，1人の情報を確認するには別の人の情報が必要になる，といった場面を部分的ではあるが導入してある。したがって，ここでは特定の言語材料（仮定法過去完了）だけではなく，習慣を表わす現在形，事実を記述している過去形などを多面的に活用して，グループ内のインタラクションが行われることになるのである。

　タスク活動Aとしては，正解を直子（晴れなら学校に午前中来ることはなかった→つまり学校に来た）とすれば終わりであるが，タスク活動Bへの発展をねらって，異なった結論も大いに歓迎する。直子でない可能性も否定できないわけだし，そうした解答に至ったグループの主張は大事にしなければならない。それこそ格好のインターラクションのきっかけになるはずである。

3-3　ステップ3「殺人者は誰だ」

1．シートAは全員に，シートBは4人で構成される班員の1人1人に配布する。

シート A

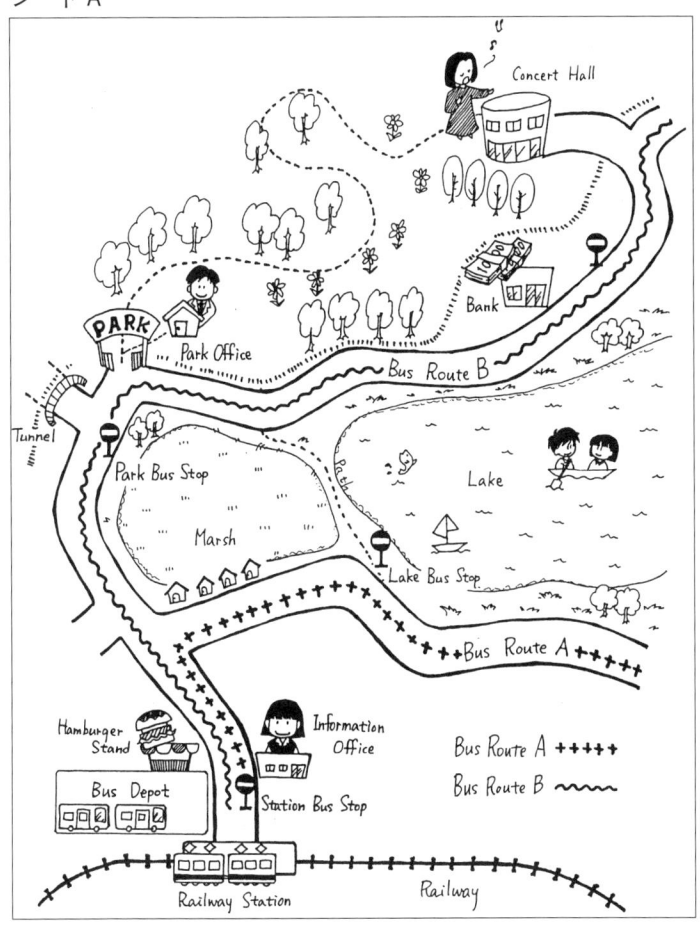

(高橋・春日・小林『高校英語のコミュニカティヴ プラクティス』中教，2000，p.171 より)

シート B

公園管理事務所での聞き込み——入り口事務員の話

Our park isn't an easy distance from the station. It usually takes ten minutes by bus to reach the park gate, but more than thirty minutes if you walk. It's in the northern suburbs of the city, where the nearest bank is some twenty minutes' walk from the gate.

Today I went to the bank during my lunch break and happened to meet Bob there. We're old friends. I believe we talked about ten minutes. He said I could have met Chris, our common friend, if I had gone there around half past eleven. Back in the office I saw several people pass the park gate around a quarter past one. One of them was Dick, I'm sure.

駅前案内所での聞き込み——観光課職員の話

The City Park is famous for its large size. It takes as long as forty minutes to reach the Concert Hall in its northern end from the main gate. The lake is another popular tourist spot of our city. The Lake Bus Stop is only a ten minute bus ride from the station.

This morning, we had two visitors here who I think were Jack and Chris. I advised one of them to take a bus to the park because the beautiful footpath along the western shore of the lake was closed today, unfortunately. They should have come yesterday when the path was open all day long.

銀行公園支店での聞き込み——女子行員の話

When I drove back from the noon concert, I saw Bob and

the park officer exchange greetings at the entrance of the bank. Five minutes before that, I was at the Concert Hall with Chris till the concert was over. I wished I could have been with him much longer. But I had to work in the afternoon. I'm horrified at the murder because the tunnel is less than three minutes' walk from the park gate.

The Park Bus Stop is only two minutes from the tunnel. There are two bus routes in the city, Route A and Route B. For both routes the bus leaves the station every half hour.

バス運転手詰め所での聞き込み――運転手の話

Jack got off my bus which had left the station at 12:30 at the Lake Bus stop. He asked me how far the park was from there. I told him it would take about twenty minutes if he took the shortest way, that is, the path along the lake. He should have taken the route B bus if he had wanted to visit the park.

I can identify the faces of the two of the other suspects. That morning, Chris came up to me here and asked the time of the noon concert. I told him that it would start at 11:40 and end at 12:30. As for Dick, I saw him quarreling with a waitress at the hamburger stand next to the bus depot while I was waiting for my 12:30 bus.

---

2. まず，各自に与えられた聞き込み資料を十分に理解したうえで，班員に内容を英文で説明する。棒読みにならないように地図で確認しながらプリントを読む。

3. 班長が時間を軸に容疑者4人の行動表を作成して，問題点

を整理していくのがいい。

　4．結論の早さを競う。筆者がさまざまなレベルのクラスで実践した結果から，所要時間は30分〜40分ぐらいをめどにしていたほうが安全だと考えている。ただ，生徒の熱中度はグループ内の討論で察しがつくから，飽きがこないうちにうち切るタイミングが大切である。

　基本的にインフォメーション・ギャップのゲームの仲間であるが，4人の情報を寄せ集めて初めて犯人探しというタスクに耐えうる情報が形成される点で，かなり高度の言語活動が要求される。各カードの内容は，基本的にAの情報を確認するためにはBの情報が必要であり，Bのためにはさらに C の情報が必要になる，という仕組みで構成されている。

　班内でのインタラクションを積極的に進めるために，情報のやり取りは全て英語で行うように，厳しく枠をはめておく必要がある。1つでも日本語に移行してしまう班ができると，クラス全体が日本語によるディスカッションになってしまい。ステップ3（タスク活動 B）としての意味が薄れてしまう。

　もちろん，ねらいをタスク活動 A の段階にとどめて，容疑者のアリバイ探しだけに焦点を絞るということも，生徒のレベルによっては必要である。与えられたカードの情報を日本語に解釈してから交換するというように，リーディングの実践的能力向上のための活動として用いることもできる。

　いずれにせよ，情報が確実に班員に伝わるように，音量，抑揚，緩急など，実践的な読み能力が必要とされるし，聞き手は曖昧な点，聞き落とした点，矛盾する点などを話し手に聞き返す活動が活発に行われるように配慮すべきである。

3-4 ステップ4「うそをついているのは誰だ」

1. ステップ3の活動で用いた地図と，次の用紙を全員に配布する。

本日午後2時，トンネル入り口付近で殺害死体が発見されました。4人の容疑者が取り調べで次のように述べていますが，このうち1人はウソをついています。地図と町の案内を参考にして，ウソをついているのは誰か発見してください。

▶正男
- If I had had enough time, I would have walked to the park.
- I rode a bus which left the station at twelve o'clock, instead.
- I entered the park after I got off the bus and enjoyed looking at the beautiful flowers there.
- I learned about the murder only when I came back to the park gate.

▶花子
- If the lake path had not been closed, I would have taken the bus to the Lake Bus stop.
- I walked to the south end of the marsh, where I watched many wild birds.
- It was very quiet until police cars rushed toward the tunnel.
- That was around two and I knew something terrible had happened.

▶太郎
- I rented a boat immediately after I got off the bus at the Lake Bus stop. That was half past twelve.

- I rowed across the lake and landed on the north-western corner of the lake.
- If I had not noticed lots of people in the direction of the tunnel, I would have known nothing about the murder.

▶弘子
- If it had not been for the murder, it would have been a perfectly quiet holiday for me.
- When I arrived at the park gate around three, I was asked many questions by the police.
- I might have looked suspicious because I had soiled my clothes while walking through the woods.

市の案内書

　駅から：公園バス停まで10分，徒歩なら30分。

　　　　　　湖バス停まで10分，徒歩なら30分。

　　　　　　ハンバーガー店まで徒歩3分。

　　　　　　バスA・B路線毎時0分・30分発。

　公園入り口から：音楽堂まで徒歩40分，バスなし。

　　　　　　　　　トンネル入り口まで3分

　　　　　　　　　銀行公園支店バス停までバス10分，徒歩20分

　湖バス停から：貸しボートまで徒歩2分

　湖西岸遊歩道当日閉鎖

　2．タスク1として，配布プリントからウソの供述をした犯人を発見する。（太郎がウソをついている。湖バス停にバスが止まるのは毎時10分か40分，降りてすぐボート屋へ行ったとすれば，12時30分という時間はおかしい）

　3．タスク2としてタスク1にならって，同様のクイズを創作

する。その際，地理的状況は同じこととし，市の案内書に明示してない情報（例えば公園入り口と管理事務所との距離など）は地図から推論させることとする。

　仮定法過去完了の一環として，「もし〜だったら，私は〜していたろうに」の文を挿入するようにする。

　4．ペアで自作の供述書を読み上げ，ウソを言い当てさせる。

　5．聞き手は聞き取れるまで再読を要求するか，質問して供述書の内容を把握する。

　6．相手を変えて同様の活動を繰り返す。

　このステップ4は，ステップ3（タスク活動B）を経験したクラスで行うと状況の把握が容易である。これは第2段階（タスク2）で自作のクイズを作成することになるが，自分の手でスクリプトを作るという点でかなり高度な活動になる。しかし，たとえば「容疑者4人は全員10時到着の列車で駅を出ました。被害者の死亡推定時刻は午後1時です」と問題の大枠を設定しておいて，4人の行動（1人は1時にトンネル入り口に来る）を地図で辿るようにすると，供述書を作るのは難しくない。ウソの部分は最後の段階で書き換えればいい。仮定法過去完了の文型を指定して挿入させるのは，それが主たる学習対象の言語材料であるだけではなく，聞き取りを高度にする1つのテクニックでもあるからである。If I could have, I would have visited the information center in the morning. というのは，I did not visit the information center. と同意であることが，クイズを解くかぎになる。

　表面的にはライティングとリーディングが中心の言語活動のように見えるが，自作の英文を聞き手に理解してもらえるように伝える。また，聞き手は理解できるまで読み手に説明を求めるという活動が入ることで，より多角的な実践的コミュニケーションに

近くなる。

4 過去完了の指導

4-1 ステップ1「どちらが早いか」

1. 教師が前夜の行動を英語で述べるなかで，I went to bed at eleven o'clock last night, because I had a lot of work to do at home. など就寝時間を板書する。次に，What time did you go to bed last night, Yamada? Anyone, please raise your hand if you went to bed earlier than eleven o'clock. などの文で生徒の就寝時間を尋ねたあとで，When I went to bed last night, Kikuchi had already gone to bed. [Sato did not go to bed yet, either.] など，過去完了を含む文を作って板書する。

2. 次のプリントを配布し，A欄に昨晩から今朝にかけての自分の行動を，時間を入れて英文で記入する。例を参考にする。

A（昨晩〜今朝の行動）	B（友達との比較）
例 (go to bed) I went to bed at twelve o'clock last night.	When I went to bed last night, Sato had already gone to bed.
1 (eat dinner) I .... 2 (work on my homework)	(finish his / her dinner) .... (finish his / her homework)

166

I	....
3 (take a bath)	(take a bath / go to bed)
I	....
4 (get up)	(get up / wash his face / start her breakfast
I	....
5 (leave home)	(leave home / reach school)
I	....

3. 自由に席を立って，友人に昨晩から今朝にかけての行動時間を尋ねる。自分より早く夕食を食べた（宿題を終えた，風呂に入った，など）の人が見つかったら，B 欄に When I was working on my homework, Takahashi had already finished his preparation for today's math class. などのような，過去完了形表現を含む文を記入する。自分より早く食べた（宿題を終えた，風呂に入った）人が見つかるまでインタビューを続ける。

3. インタビューが下火になったら，でき上がった B 欄の英文を全体に発表する。教師はそれを聞いて，Oh, Yamada got up so early. What did you do after you got up, Yamada? などと反応して，単なる英文の読み上げにならないように配慮する。

ありふれたインタビューゲームであるが，友人の日程がどのようなものであるか，ちょっとした好奇心を満たす意味でコミュニケーション上の意味を持たせてある。

過去完了の文は主として「書く・読む」の作業のなかで扱われているが，Had you eaten your dinner when I finished my dinner at eight? など，文法的には正しくても自然な対話のなかではなかなか現れにくい表現は，無理して「話す・聞く」で取り

上げる必要はない。また「書く」となると，When I ate breakfast, Sato had already eaten his breakfast. のように定式の文になってしまいがちであるから，〜, Sato had already finished eating / left home / listened to the English radio program など創意あふれる文を書くように勧める。

当然，自分より遅く行動した人もいるわけで，When I ate breakfast, Kobayashi had not started eating his breakfast yet. のように not 〜 yet の構文を使って文を作ることも可能であるが，否定の文章で表現することは肯定より難しい。もちろん，特定な過去の時点を明瞭に意識していないのであれば，過去形で表現することのほうが自然である場合もある。しかしここでは，ステップ1として過去完了という形式に習熟することを当面の目的としている。

4-2　ステップ2「地震はいつ」

英文の説明を聞き，地震が起きた時間帯はどこかを推測するゲームであることを説明する。

【活動A】

1. 次ページの図を OHP で投影するかプリントで配布する。図を示しながら，ゆっくりと次のように説明する。

When the earthquake struck, I hadn't written the letter yet. But fortunately, I had eaten supper by that time. I had also turned off TV. Actually, I had been listening to the radio when it struck me suddenly. I was excited that evening because I had expected Jill to visit me. I was lucky because I had just finished one of the assignments when the earthquake hit me. The light was out for a few minutes. That

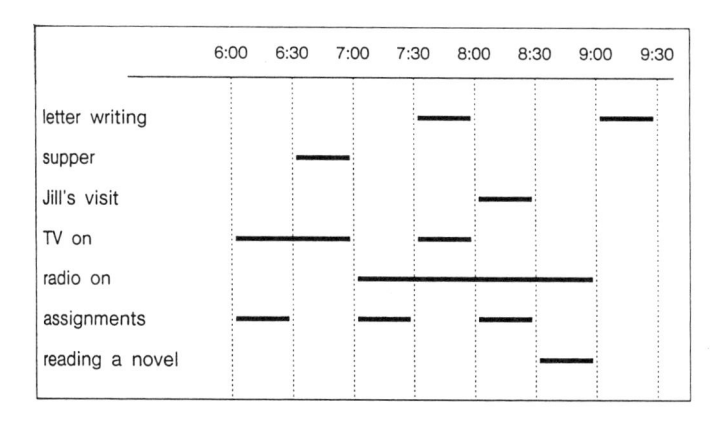

	6:00	6:30	7:00	7:30	8:00	8:30	9:00	9:30
letter writing				━━━━				━━━
supper		━━						
Jill's visit					━━━━			
TV on	━━━━━━			━━━				
radio on			━━━━━━━━━━━━━━━━━━━━━					
assignments	━━━━━━		━━━━		━━━━			
reading a novel						━━━		

night I planned on reading a novel, but I did it long after the earthquake.

2. 内容確認のために，何人かの生徒に質問させる。

例：Did you eat supper before the earthquake?

　　——Yes, I did.

　　You were listening to the radio when it struck you, weren't you?

　　——Yes, I was.

　　Had you started reading the novel when the earthquake struck you?

　　——No, I had not.

3. 生徒は図と照合して，地震の時間帯を絞り込む。

　　Then, the earthquake must have struck between 7:00 and 7:30.

　　——Yes, You're right.

【活動 B】

1. 上述の図で，横の太線の入っていない用紙を配布する。各自，まず自由に地震の起きた時間を設定し，かつ生活表に昨晩の

行動を示す太線を適当に入れて，活動の時間帯をはっきりさせる。

2．教師の例にならって，「地震が来たとき，どんな動作をしていたか，またしていなかったか」の記述文を4つ作る。

3．ペアを組んで，自分の生活行動表を示しながら，相手が十分分かるように4つの記述文を読み上げて，どこに地震の時間帯を設定したか考えさせる。

4．上記の例にならって，補足の質疑応答をする。

5．当たったら役割を交代する。

過去完了形の練習を意識した1種の文型練習である。「(地震が起きたときに) ～していた，～し終わっていた，まだ～していなかった」などと想定する行動によって，過去完了形，過去進行形，過去形などを主体的に選択しなければならないように組み立ててある。それがステップ1より実践的コミュニケーションに一歩近づいた活動と見なされる理由である。

記述文を作らせずに，いきなりQ＆Aで地震が起きた時間を絞り込んでいくほうがゲーム的趣向を強めることもできるが，すべての質問文が単純過去疑問文になってしまう怖れが十分ある。実際，過去完了の構文で疑問の文を生徒に作らせると，不自然な英語になりやすい。文型に集中している時は多少不自然なひびきの文が生まれることは避けられないが，英文はなるべく明白な文脈の中で使い，その文脈の中で自然な表現を選択するように配慮すべきである。

4-3　ステップ3「ある恋の物語」

【活動1】

1．絵カード1を拡大し，厚紙に貼り付けて紙芝居を作る。ま

ずA，B，C，Dの順序に並べて，A「3月3日：春男の恋人花子が彼のもとを去りました」，B「3月3日〜10日：1週間，春男は落ち込んでいました」，C「3月11日：昨日，彼女は突然彼のもとに戻ってきました」，D「3月12日（今日）：春男は今とても幸せです」と日付をつけて，黒板に貼られた絵を示しながら物語の概略を説明する。

絵カード1

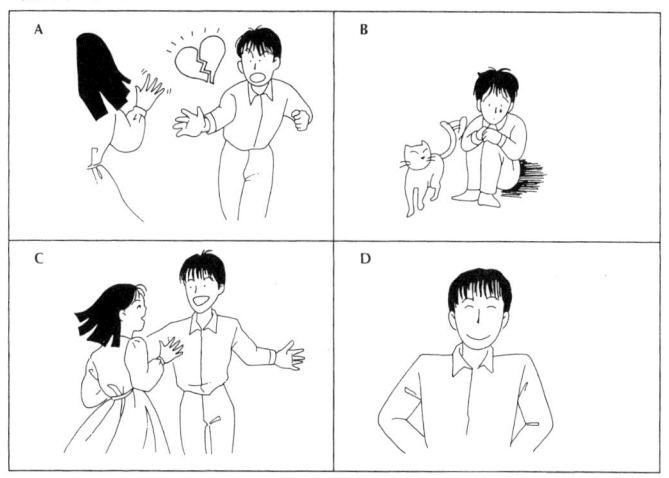

2．上記のあらすじを，時間の流れに沿って単純に記述すると，次のようになる。

A: Hanako left Haruo on the third of March.

B: He was depressed for a week.

C: But she returned to him yesterday.

D: So he is very happy today.

3．ところが，カードの順序を変えてCからスタートすると，yesterday という過去に焦点を合わせてドラマチックに表現することになるから，

C: Hanako returned to Haruo yesterday.

A: She had left him on the third of March.

B: So he had been depressed for a week.

D: Now he is very happy again.

と，事象は同じであっても記述の視点の違いで，過去完了の使用が必要になってくることを説明する。

4．「春男の運命が少し変わります」と絵カードをC，D，A，Bの順に並べ替えて，

C: Haruo met a wonderful girl named Hanako.

D: So he was very happy for several days.

A: But she suddenly left him yesterday.

B: Now he is badly depressed.

と，時間の流れに沿った表現で物語を記述する。

5．Aの絵に焦点を合わせてドラマチックに表現すると，どんな英文になるか考えさせる。

ここではCの絵を説明するときにHaruo had met her several days before. という過去完了形が正しく使用されることがポイントになる。

6．口頭発表してノートに書き取りさせる。

【活動2】

1．4コマに切り離した次ページの絵を全員に配布しておく。サンプルを黒板に提示して，A「かずおは道路で車にはねられました」，B「彼は数日間入院しました」，C「彼は看護婦さんからラブレターを貰いました」，D「今彼はとてもラッキーだと思っています」と，絵の説明をする。

絵カード2

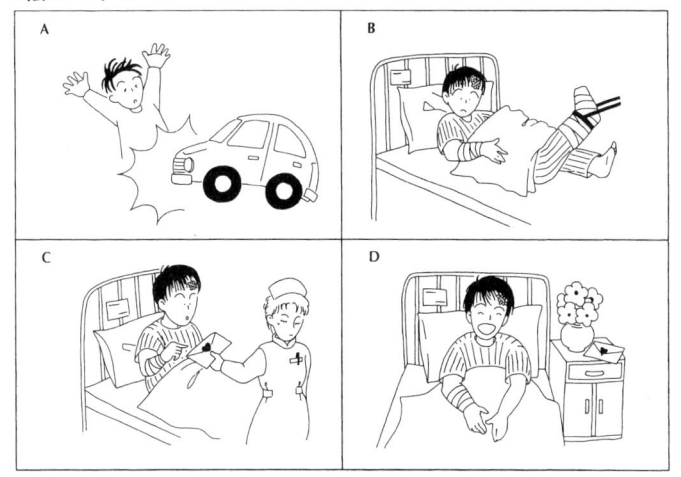

2．活動1で例示したように，たとえばBの絵から話をスタートさせて，4つの文で物語りを作る。過去形の文で始めたら（Kazuo was hospitalized for a few days.），それ以前のAの状況は過去完了の文になる（He had been hit by a car.）ことを確認する。

3．口頭で発表させる。

【活動3】

1．配布された4枚の絵カードを自由にシャッフルして，出た順番で物語を作る。たとえば，C，D，B，Aの順になれば，

C: Kazuo received a love letter from his nurse yesterday.

D: That's why he is very happy now.

B: He had been staying at this hospital.

A: He was / had been hit by a car on the street.

と述べなければならない。

2．ペアを組んで対話の練習を行う。絵カードをシャッフルして，ペアAが1枚をひき，絵の状況をLast weekで始まる英文で述べる。その際，自由な想像で場面をふくらませるように指示する。

その英文に対し，ペアBは「なぜ」「何を」「どこで」などを入れた質問を行う。さらに，Aは絵カードをもう1枚ひいて，その理由を過去完了の含まれた英文で述べる。

たとえばC，Aとカードをひけば，

Last week Kazuo was surprised to get a love letter from the prettiest nurse in the hospital.

Why did he get a love lettter from such a pretty lady?

Well, she was driving the car which hit him. So she felt very sorry for him. Feeling sorry turns into love easily, you know.

このタスク活動Bでは，過去完了形の使用に慣れさせるために，段階的に自由度を高めた3種のタイプを用意した。過去完了は「過去の前の過去」を表現するという説明は生徒には分かりにくく，過去と対比して，それ以前の行為・状態を特に意識させるときに用いるのだ，という趣旨を徹底させる。前後関係によって過去形でも過去完了形でも可能な場合があって，違いは「〜であったんだ」の気持ちが入るか否かにすぎない場合もあることを，自分で英文を作ることで学んでいく。

活動3では，絵の内容を想像力で自由にふくらませていくところがミソである。一番簡単なふくらませ方は，形容詞で名詞を修飾するとか副詞で動詞を修飾するとかである。さらには，関係代名詞の節を追加することも自在にできるようにならなければならない。最後にひいた絵カードに合う理由を言うところはなかなか

難しいが，1つの文にこだわらず，短い文を数個並べるという形でもいい。

4-4 ステップ4「創作人形劇」

　5人1組で班を作り，A，B，C，Dの4体の人形で上演できる指人形芝居を創作させる。

　1．4人がそれぞれどれか1つの人形を担当し，1人がナレーターになる。

　ナレーターは背景を描いたうちわをかざす役を兼任する。

　2．5分以内で終了するスキットにする。

　3．物語の大筋は次のようなものにする。

・AとBとはつき合っていたが，最近Dが絡む事情で別れた。
・AとCは親友である。
・AはCにBに対する未練を述べ，Cが慰める。
・そこにBが登場し，Aと再びけんかになる。
・Dが登場し，Aに誤解であること分からせる。
・Cが仲介役になって，AとBは仲直りする。

　4．教師が用意した指人形を無作為に配給して，その人形のキャラクターに合わせたシナリオを自作させる。

　5．シナリオは暗記して，聴衆に向かって話せるように練習する。

　6．特に音量を十分に確保させることに留意させる。

　7．各班ごとのリハーサルに1時間を当てて，2時間目に上演させる。

　8．「理解できる英語であったか」という観点で各人持ち点5，グループ全体点10点で採点する（事前に役と担当生徒名の一覧表をプリントして配布しておく）。

英語でスキットを作成することはきわめて高度な言語活動のように思われるが，上述のように物語のあらすじを指定しておくと，生徒は案外容易にのってくる（筆者は昔話のパロディを命じたことがあるが，これも好評だった）。キャラクターだけを与えて，自由に物語りを創作させるのが最高であろうが，物語の考案に時間がかかりすぎることと，上演の際，特定の生徒の音量が不十分なために，物語の流れを聴衆がつかみ損ねる可能性が高いために，授業の一環としては勧められない。

　場面の背景になるうちわの絵，ついたての縁にセロテープで貼り付ける舞台道具など，簡単な作業で効果的な場面作りを期待することもできる。人形そのものは市販のものを使うのが一番簡単で，かつ生徒の関心も高くなる。

　上述の物語で，AがCにBとの別れを述べる場面，またDが登場してAの誤解を解く場面で過去完了形が多用されることを期待している。

　下の写真は大学一般教養で実践した時の，A（キツネ）がC（ニワトリ）にB（ロバ）の不誠実を訴えている場面である。牧場の柵，昼間を意味する太陽の背景など物語がより印象的になる

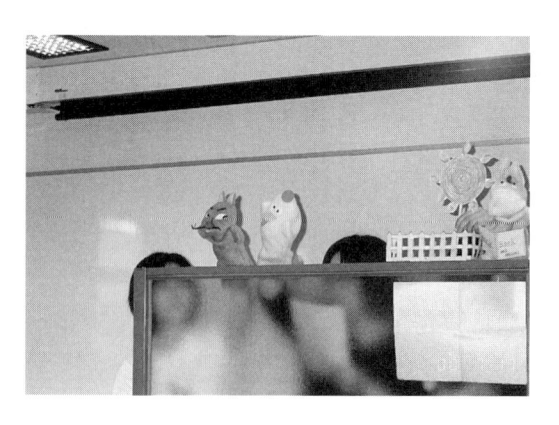

ように工夫している点に注意して欲しい。

A: We had made a firm promise to meet under the tree by the lake last night. But he didn't come!

C: What time did you plan to meet?

A: At eight o'clock.

C: Why so late?

A: Because people are asleep and we can run freely in the woods.

C: Oh, Donkey may have gone to his house by that time.

A: No. He had said he would be free that night. And I found he had actually gone to another lake to meet Mouse.

「冷凍マグロのようだ」と評される大学一般教養クラスでの実践であるが，結構熱演が多く，その後のアンケート調査でも8割以上の学生が積極的に支持していた。実践は大学生であるため，1時間のリハーサルで事前に原稿をチェックすることはしなかったが，高校生であれば，過去完了の用法について教師の指導が必要であろう。ただこのクラスの語学力は高校生と大差あるものではなく，この実践は高校でも通用するものだと信じている。

演技の終わりに，聴衆から物語の展開がはっきりしない部分を質問する時間を設けて，さらにインタラクションを深めることも可能であろう。しかし，筆者の実践ではあまり積極的な問答は交わされなかった。

ちなみに上述の活動での学生の採点は，各チームとも10点満点中5〜9点の範囲に分布していた。

5 話法・時制

5-1 ステップ1「言い直し」

次のプリントを配布する。

次の対話を完成させなさい。Aの発言で間違えているところをBが訂正しています。訂正語句は（　）に示してあります。

例　A: Our principal said that he was going to visit schools in the United States next week.　(England)

　　B: No, he actually said, "I am going to visit schools in England."

1. A: Mary told me that I was supposed to attend the <u>meeting</u>. (rehearsal)

　　B: No, she actually said to you, "＿＿＿＿＿＿＿＿＿＿＿"

2. A: The policeman told me to stop my car in front of the <u>movie theater</u>.　(the public library)

　　B: No, he actually said, "＿＿＿＿＿＿＿＿＿＿＿"

3. A: You said that you had forgotten the date of <u>Kimiko's</u> birthday.　(Mariko's)

　　B: No, I actually said, "＿＿＿＿＿＿＿＿＿＿＿"

4. A: Ms. Tanaka asked me if it would be all right for her to <u>attend</u> the party.　(be absent from)

　　B: No, she actually said, "＿＿＿＿＿＿＿＿＿＿＿"

5. A: Tom asked his girlfriend <u>when</u> she would be able to meet him.　(where)

　　B: No, he actually said to her, "＿＿＿＿＿＿＿＿＿＿＿"

6. A: My father asked me if I had dropped the car key in the bathtub. (door)
   B: No, he actually said to you, "_____"

　どうしても文型の定式的な書き換えに始終してしまいがちな話法の転換練習に，少しでも場面的要素を加えようとしたものである。2人の対話に仕立ててあるので，人称代名詞の使い方がさらに複雑になるという懸念があるが，それだけに場面と対応した意味を把握するのに良い練習にもなる。

　なお，この「言い直し」は従来の文型練習のsubstitutionに代わるものとしてさまざまな場面で活用できる。教師がロンドンの地図を指してI have never been to Los Angeles. などと言うと，生徒はNo, no. You have never been to *London*. と強調したり，You mean 〜 で始めたり，付加疑問文にして復誦するのである。

5-2 ステップ2「幸せ神経衰弱」

1. 次の図を切り離して，絵カード12枚をつくる。

Pearl　　　きのう	Pearl → me　　あす
I met Jack at this restaurant yesterday.	I will meet Jack at this restaurant tomorrow.

Pearl → me　きのう Do you know I met Jack at the restaurant yesterday?	Pearl　　しあわせ！ How happy I am! I had a date with Jack at the restaurant.
Pearl　　まいにち I meet Jack almost every day at this restaurant.	Pearl　　いつ？ When will Jack be free to meet me?
Pearl　　きのう We kissed for the first time yesterday.	Pearl → me　あす We will meet at a secret place in the park tomorrow.

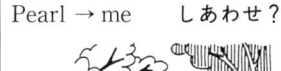

Pearl → me　きのう？ Do you know we kissed for the first time yesterday?	Pearl → me　しあわせ？  How happy I am! We kissed for the first time.
Pearl　　まいにち  We meet at this secret place almost every day.	Pearl → me　何歳？  How old is Jack? I don't know his age yet.

2. 次の英文それぞれを絵カードと同じサイズの用紙に転記し，12枚の文字カードを作る。

① Pearl said that she had met Jack at that restaurant on the previous day.

② Pearl told me she would meet Jack at that restaurant the next day.

③ Pearl asked me if I knew she had met Jack at that restaurant on the previous day.

④ She cried in happiness that she had had a date with Jack at the restaurant.

⑤ Pearl said that she met Jack almost every day at that

restaurant.
⑥ Pearl asked me when Jack would be free to meet her.
⑦ Pearl said that they had kissed for the first time on the previous day.
⑧ Pearl told me that they would meet at a secret place in the park the next day before.
⑨ Pearl asked me if I knew they had kissed for the first time on the day.
⑩ Pearl said [cried] in happiness that they had kissed for the first time.
⑪ Pearl said that they would meet at the secret place the next day.
⑫ Pearl asked me how old Jack was and said that she did not know his age yet.

3．絵カード，文字カード計24枚で1セットのカードを作り，神経衰弱のゲームを行う。最初全部を混ぜて裏返し，1人2枚ずつめくる。表が絵なら間接話法の表現を，文字カードなら直接話法の表現を言う（省略しても可）。絵カードと文字カードの記述内容が合致した時のみ得点になる。

レベル2（タスク活動A）として，単純にカードの獲得だけに興味が集中してもやむを得ない。カードの文言から間接・直接話法の文を作ることを活動の重大な条件にしないほうがよい。

カードに記載された主節動詞 asked / said / told と後続の節の内容との整合性をテーマにしているから，絵柄は2種類だけに押さえて，画面だけで簡単に判断が決まることがないように配慮してある。この活動のポイントは，1つの事象に対して話法の違う複数の記述の仕方が存在し得るということであって，文型の公式

的な転換練習ではないことである。

5-3 ステップ3「伝言ゲーム」

1. 8人程度のグループを編成し、各グループに1枚ずつ次のプリントを配布する。

---

1. Tom _____
   So we had better wait for him a few more minutes.
2. Tom _____
   So probably by now they must have become good friends again.
3. Tom _____
   So I didn't mind lending him my notebook.
4. Tom _____
   So we will surely be welcomed at his party.
5. Tom _____
   So he must have forgotten where he was supposed to go.
6. Tom _____
   So he will be able to make a nice cheesecake next time.
7. Tom _____
   So he must feel sorry for her now.
8. Tom _____
   So the teacher must have returned his paper and let him correct it.

---

2. 次の絵を8枚に切り離し、それぞれ適当な場所（廊下、入り口、背面黒板など）にばらばらにして貼っておく。

I will join you as soon as I finish my work.
Tom
私
I may have hurt your feelings.
Tom
Mary
Can you lend me your notebook overnight?
Tom
私
Please join the party I am planning at my house.
PARTY
私
Tom

(高橋・春日・小林『高校英語のコミュニカティヴ プラクティス』中教, 2000, pp. 48-49より。前ページも同様)

3．プリントに示された8個の英文を1人1つずつ担当し，それに該当する絵カードを見に席を立つ。

4．絵カードを見たら，吹き出しの中の英文を直接法以外の構文，つまり Tom said ～，Tom asked ～など，Tom で始まる表現に直して暗記する。

5．グループに戻り，暗記してきた英文を復誦する。グループはその意味内容を考えて，プリントのどの空欄に記入するとその下の英文とつながるか考える。その際，話法の転換の公式によらない表現も可とすべきである。

① Tom told us that he would join us as soon as he finished his work.
　Tom would join us as soon as he finished his work.
　Tom said that he would join us as soon as possible.
　Tom would finish his work soon.

② Tom told Mary that he might have hurt her feelings.
　Tom said that he was sorry to have hurt her feelings.
　Tom apologized to Mary for having hurt her feelings.

③ Tom asked me if I could lend him my notebook overnight.
　Tom asked me to lend him my notebook overnight.
　Tom wanted to borrow my notebook overnight.

④ Tom told me to join the party he was planning at his house.
　Tom invited me to the party he was planning at his house.
　Tom asked me to come to the party he was planning at his house.

⑤ Tom asked Mary where the meeting was going to be held.
　Tom wanted to know where the meeting was going to be held.

Tom was not sure where the meeting was going to be held.

⑥　Tom asked Yoko how he could make his cheesecake more delicious.

　　Tom asked Yoko about the recipe for making his cheesecake more delicious.

　　Tom asked Yoko to help him make his cheesecake more delicious.

⑦　Tom told Jane to get out of his sight.

　　Tom yelled at Jane and told her to get out of his sight.

　　Tom was angry with Jane and told her to get out of his sight.

⑧　Tom told his teacher that he had made several grammatical mistakes in the paper.

　　Tom made several grammatical mistakes in the paper and told his teacher about them.

などが出てくるだろう。

　6．記入し終えたらプリントを提出する。

話法にこだわるなら Tom told 〜，Tom asked 〜などの構文を指定すればよいのであるが，タスク B の活動としては表現の自由度を大きくするのがいい。

5-4　ステップ4「漫画解説」

　1．生徒にも面白みが十分理解できる英語の漫画を，地の文つきで解説する。

　例えば *Blondie* の漫画で，

1コマ目：車の中で Dagwood が出勤仲間に話す：

"Blondie's afraid I'm going to forget our anniversary this week."

→ Dagwood said that Blondie was afraid he was going to forget their anniversary that week.

2コマ目：仕事仲間がDagwoodに尋ねる：

"What makes you think that?"

→ His colleague asked him what made him think that.

3コマ目：Dagoodの返事

"Oh, Just a hunch."

→ Dagwood said that he had a hunch.

実は玄関の前にTHREE MORE DAYS!という大看板が立っている。

2．例を示したあと，別の漫画を使って地の文つきの解説文を作る作業を生徒と一緒に行う。

3．生徒に3〜4コマの漫画を持って来させて，まず吹き出しの中身を英訳させる。次に地の文をつけてOne day ... で始まる解説文を作らせる。

次の例は『対訳サザエさん』（Vol. 12, 講談社バイリンガル・コミックス，p. 95）から。

1コマ目：One day Katsuo found a scary-looking girl sitting next to his seat in the classroom.

2コマ目：But he spotted a very pretty new student sitting in the front row. So Katsuo told his teacher that he couldn't see the blackboard well because of his poor eyesight and asked him whether he could move to the front. The teacher answered yes and told him to move to where he could see.

3コマ目：While he was settling at his new seat, the scary-looking girl came to the pretty girl sitting next to Katsuo.

The girl told the pretty girl that she had fixed the lid of the pretty girl's desk in the rear row. The pretty girl was grateful and left for the rear seat.

4コマ目：Katsuo was unhappy and asked the scary-looking girl if that was really her seat. The scary-looking girl said it was and asked him if there was anything wrong with that

　絵は引用しなかったが，上例のように対訳の漫画を使うのも1つの方法である。画面の流れを文章で説明することは意外に難しいので，単に話法の転換の部分だけを英訳することにしてもよい。生徒の様子によって無理そうならグループワークの課題に変え，適宜教師の援助を加えれば，有意義な活動になるだろう。

3 言語の使用場面と働きから

1 説明する

1-1 待ち合わせ

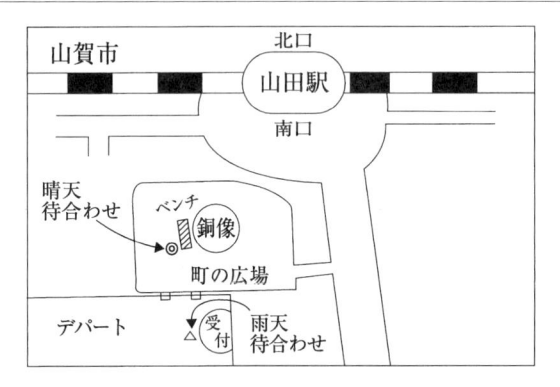

【ペアAへの指示】

ペアBに，電話で待ち合わせの場所を指示する。ペアBは転校生で，駅周辺の地理には全く無知であることを念頭に置く。電話でのやりとりであるから，図，ジェスチャーの類は使えない。

伝えなければならない情報：

① 日時は，3月21日(日)午前11時

② 場所は，晴れていたら地図の◎の場所，雨天なら△の地点。

【ペアBへの指示】

この町の地理は全く知らず，交通機関についても無知であるという前提を確認する。次のカードを渡す。

次の事項を確認せよ。
1. 待ち合わせの日時
2. 待ち合わせの場所（詳細に）（雨天および晴天）
3. そこまでの経路
4. 経路に必要な建物・道路・風景などの知識

カードの裏面に待ち合わせの場所と経路を略図で示せ。

【レベル1】

A: Hi, this is Miyamoto, your new classmate.
B: Yes. We met today.
A: You know Mr. Hirata, our history teacher, gave us a team homework assignment.
B: Yes. You and I are on the same team.
A: We have to visit several spots in Yamaga City. So we will meet there tomorrow.
B: I know nothing about Yamaga City. How should I get there?
A: Take a train and get off at Yamada station. It is the third stop. Be careful. Get off at Yamada, not Yamaga.
B: I got it. Are you in the station?
A: No. I am in the town square near the station.
B: How shall I get there?
A: Use the southern exit. It is busier than the northern exit.

Go straight from the exit. You will be on a wide street. When you walk down the street, you will see the town square on the right. It is only five minutes from the station.

B: Is the square large?

A: Don't worry. I will be sitting on a bench in the center of the square if it is fine.

B: If it is fine! If it rains, you won't be there.

A: Right. I will be waiting inside the department store nearby.

B: Can I find you easily?

A: Sure I will be by the information desk near the main entrance. We'll meet at half past ten tomorrow morning.

B: I've got it. Thank you for calling.

【レベル2】

A: Hi, this is Miyamoto speaking. We met at school today.

B: Oh, yes. You are my new classmate.

A: As Mr. Hirata, our history teacher said, we have to do his homework assignment together tomorrow.

B: Yes. I am worried about the history project. What shall we do?

A: We will visit some historical sites in Yamaga City.

B: Yamaga City? How can I get there?

A: You should take train. Yamada station is the third stop from the nearest station from your home.

B: Okay. You mean I have to get off at Yamada station, not Yamaga.

A: Exactly. Please use the southern exit. It is bigger and

busier than the norther exit.

B: Are you waiting at the exit?

A: No. I am waiting in front of a statue in the town square.

B: Town square?

A: Yes, it is only five minutes walk from the station. Choose the broad street in front of you. You can see the square on the right when you walk down the street.

B: Then where is the statue?

A: Don't worry. It is in the center of the square. I will sit on the bench by the statue.

B: Oh right. I've got it.

A: Wait. If it rains, I will wait inside the department store.

B: Is it close to the square?

A: Yes. It stands right in front of the statue. I will be by the information desk on the first floor.

B: Well. I think I understood. You forgot to tell me the time.

A: Sorry. We will meet there half past ten tomorrow morning.

B: I got it.

　こうした待ち合わせの日時を打ち合わせるという活動は具体性に富んでいて、しかも生徒の実体験に重ね合せるのが容易であるため、実践的コミュニケーション活動として最も扱いやすいテーマである。実際の市内地図を用いてもいいし、校内で宝探しをやってもよい。ポイントは電話での対話であるとの設定を厳格に守ることで、そのために2本の鉛筆を糸でつないで糸電話で話すような演出を加えるのもよい。わざと曖昧な手がかりで相手を混乱させるということでゲームの要素を加味することもできる。

1-2　買い物の依頼

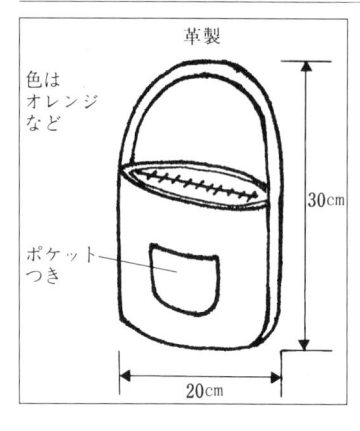

革製
色はオレンジなど
30cm
ポケットつき
20cm

【ペア A への指示】

　自分は家庭の主婦であって，勤め先の夫に電話し，帰宅の途中で図にある品物を買って帰るように依頼する。希望をできるだけ細かく電話で話す。

【ペア B への指示】

　職場に妻からの電話があり，帰宅途中での買い物を依頼される。間違いがないように詳しく説明を聞く。

　渡された白紙に依頼された買い物をスケッチする。

【ペア B へ渡す指示カード】

　次の事項を確認せよ。
1. 依頼された品物
2. その品物の用途
3. 大きさ，形状，材質，色などの詳細
3. およそ予測される値段の範囲
4. もし全部の条件に合致するものがなかったら，どの条件を無視するか

　カードの裏面に品物の略図と説明を日本語で記せ。

【レベル1】

A: Hi, darling. Can you buy something when you come home?

B: Of course. What should I buy?

A: I need a handbag. It should be made of leather.

B: A leather handbag?

A: Yes. I want a small fashionable handbag when I wear my new pink dress.

B: I see. So what color do you want?

A: It should be either red, pink or orange.

B: Where can I find one?

A: The best place for you is the department store. You should go to the bag department.

B: I think so. Do you want a large one?

A: I said small. Probably 30 centimeters by 20 centimeters. It should be longer than it is wide. A small pocket outside will be nice.

B: How much is it?

A: I don't know. But probably around 5,000 yen.

B: Okay. It will make a good birthday present for you.

【レベル2】

A: Hi, honey. Are you leaving the office at five?

B: Yes. I don't think I have to work overtime today.

A: Then may I ask for one thing?

B: Sure, of course. What is it?

A: Would you mind dropping by a department store on your way home?

B: No. What do you want me to buy?

A: I need a leather handbag. It should be a small fashionable bag which goes well with my new pink dress.

B: Well, that will be a tough job to choose a good one. I'll go to the bag department. Do you want it to be pink, too?

A: Not necessarily. Pink, orange, or red is O.K. But not blue or black, definitely. If it has a small pocket outside, it will be handy.

B: Okay. How much do you think it will cost?

A: I believe it will be around 5,000 yen.

B: You haven't told me the size, yet. It shouldn't be too large.

A: No. It should be around 30 centimeters high and 20 centimeters wide.

B: Okay. Trust me. I will find a good one for your new dress.

1-3 人物描写

【ペア A への指示】

交番にこっそり花束を置いていった人がいます。その場面を目撃したので，どんな人だったかを警察官に教える。

【ペア B への指示】

花束を置いていった人を特定するために，A からその人物の特徴を聞き出して，渡された白紙に人物スケッチを描く。

【ペアBに渡す指示カード】

> 次の事項を確認すること
> 1. 性別・およその年齢
> 2. およその体重・身長
> 3. 考えられる職業
> 4. 服装
>
> カードの裏面にその人物の略図を描け。

【レベル1】

B: Someone has just left pretty flowers here. We want to know who he or she is. Can you tell us?

A: Yes. I saw a man standing in front of the police station.

B: Is he a young man or an old man.

A: He is rather old, but not very old.

B: How old do you think he is?

A: About sixty. He is not tall. And he is rather fat. He has a round face.

B: Is he just standing?

A: He is smoking a pipe.

B: Smoking a pipe? Does he look like an artist?

A: Yes. You're right. He is wearing a beret. He doesn't have much hair.

B: What kind of clothes is he wearing?

A: He is wearing slacks and a red sweater.

B: How about glasses?

A: He has no eye glasses. He has a nice smile.

B: Thank you. Now we have a good picture of this kind

man.

【レベル2】

B: We are looking for a man who left a bouquet of beautiful flowers in the police station. Did you see him or her?

A: I didn't see anyone actually placing the bouquet on the desk. What I saw was an old man standing near the police station around that time.

B: He must be the man who left the flowers. What is he like?

A: Well, he is a sort of an artist type.

B: Why did you think so?

A: He has a beret on. And he is smoking a pipe.

B: So he looked like a painter. Is he a tall man?

A: No. He is short, about 160 centimeters tall, and rather fat. He has a chubby face.

B: What was he wearing?

A: He was wearing slacks and a red sweater.

B: Thank you. I think we know him.

2 説得する

2-1 パーティへの誘い

【ペア A への指示】

新入生を歓迎して友達同士でパーティをやろうと計画している。ペア B も誘って，にぎやかに盛り上げようと計画している。B をパーティに参加するように説得する。

【A に渡す指示カード】

　説得のポイント
1. 小さな気軽なパーティであること。
2. カラオケもあること。
3. B にマジックの特技があること。
4. B の親友ヤスコも来ること。

【ペア B への指示】

B は恥ずかしがり屋で，パーティなどあまり好きでない。友達は作りたいが，引っ込み思案の自分がパーティでも取り残されるのではないかと心配している。

【B への指示カード】

　誘いに応じないポイント
1. 恥ずかしがり屋であること。
2. パーティは好きでないこと。
3. 話し下手であること。
4. 雰囲気を盛り上げることが下手ということ。

【レベル1】

A: Are you free next Sunday afternoon?

B: Yes. Why?

A: We are planning to have a party. It is for the new student from Tokyo.

B: That's interesting.

A: Are you coming?

B: No, I don't think so. I am not a party person.

A: Yes, you are. You are a good speaker and a good listener, too.
B: Thank you, but I am shy.
A: That is Okay. Oh, we will have karaoke. You can sing with us. You have a good voice.
B: That's a good idea.
A: Yasuko will come. You and Yasuko are good friends.
B: Okay. If Yasuko goes to the party, I will go, too.
A: That's it. The party starts at three o'clock in the afternoon.

【レベル2】

A: Hi, B. How are you doing?
B: I'm fine thank you. Are you busy? You're always so energetic.
A: Actually I am. We are planning a small party for the new student who came from Tokyo. Won't you join us?
B: That's a good idea. But I am not very good at entertaining people. You know I am rather shy.
A: No, you aren't. You have a very pleasant personality that makes everyone happy.
B: Thank you for saying so, but I am not very good at talking with people, either.
A: Don't say such a thing. You have a nice voice. One of my friends will bring some karaoke equipment. We can enjoy singing together.
B: It might be fun.
A: Besides you can show your magic tricks to the new

student. He'll surely be impressed.

B: How many people will come, by the way?

A: Probably seven or eight students. Oh, Yasuko will come, too. You and Yasuko are good friends, aren't you?

B: Is she coming? Then I will go. What time does the party start?

A: Three o'clock in the afternoon.

2-2　山に誘う

【ペア A への指示】

　高原の山荘を借り切って，自然観察やハイキングなどで1週間を過ごす予定。ペア B も誘って，楽しい夏休みを過ごしたい。山の良さを主張して B を仲間にしたい。

【A への指示カード】

　説得のポイント
1. 登山もハイキングも苦しいことはやらない。
2. ゆっくりくつろぐ時間を十分に取る。
3. そよ風のなかでの読書の素晴らしさ。
4. B と一緒だから高原に行く意味があること。

【ペア B への指示】

　汗を流して長時間歩くのは性に合わない。読書やテレビを見ていたほうがまし。ペア A と一緒に過ごしたいが，自分の好みを配慮して欲しい。

【Bへの指示カード】

　　しぶる理由のポイント
1. 日焼けがこわい。
2. 体力が十分でない。
3. 屋内でゆっくり休息したい。
4. 自然観察はテレビのほうが簡便。

【レベル1】

　A: Have you planned for your summer?
　B: No. Not yet. Have you?
　A: Yes. I will go to the mountains and stay in a hotel there.
　B: Wow, wonderful. Are you going there alone?
　A: No. I want to go with you. Won't you come with me?
　B: What do you want to do there?
　A: Climbing, fishing, and hiking, for example.
　B: I'm afraid I can't enjoy those activities. I prefer staying indoors reading books and watching television.
　A: You will have a lot of time for reading. You can read books in the cool breeze.
　B: Really? Will you always be with me?
　A: Of course. We can go on hiking only when you feel like so doing.
　B: You know I feel tired easily.
　A: I know that. Won't you come?
　B: O.K. I will.

【レベル2】

A: Have you decided what you will do during the summer vacation.

B: Not yet. I have nothing particular in my mind. Have you decided?

A: Yes. I am planning to spend a week in the mountains.

B: That's a wonderful plan. Are you going to be alone there?

A: I need a company. And it should be you. I want you to come with me.

B: Thank you for your invitation. But I am not the outdoor type. I prefer staying inside reading books and watching television.

A: You are young. You need physical exercise. Besides, walking in nature is such fun.

B: I may be easily tired. I cannot walk as fast as you.

A: Don't worry. I will adjust my pace for you. I can tell you a lot about the flowers you will see and the birds you will hear.

B: That might be interesting. I will bring a bird guide and a flower guide.

A: That's a good idea. We can talk quite a lot in the evening.

B: Will we have time for books?

A: Sure. You can enjoy reading your favorite books in that beautiful natural setting.

B: In that case, I will consider your proposal more carefully.

2-3 過食をいましめる

【ペア A への指示】

キャンデーを半日に20箱も食べる友人に，体に良くないと説明し，健康を考えもっと食事を少なくし，野菜を多くするように忠告する。

【A への指示カード】

  説得のポイント
1. 半日でキャンデー20箱は食べ過ぎ。摂取カロリーが多すぎる。
2. 体重が増える。体型が悪くなる。
3. 健康によくない。
4. B の親友正男が心配している。

【ペア B への指示】

ひと月に5キロも太ってしまっても，それを過食のせいだと認めない。自分としては食事に十分気をつけ，運動もしているつもりである。最終的には A の忠告を受け入れる。

【B への指示カード】

  忠告にさからう理由
1. 現在それほど太っていない。
2. 体重も異常なほど多くはない。
3. 甘いものが食べられなかったら食事の楽しさがない。
4. 過去にも努力したが失敗している。

【レベル1】

A: You ate twenty boxes of candy in half a day. There is

something wrong with your stomach.

B: I don't think so. They simply tasted so good.

A: You're eating too much. What else did you eat?

B: Two apples, two peaches and lots of grapes.

A: Didn't you feel ill when you ate so much?

B: No. I ate some chocolate, too.

A: That's why you are gaining weight lately.

B: Are you sure? Are you sure that I am gaining weight?

A: Absolutely yes. You not only have to worry about your figure, but also have to worry about your health.

B: In that sense you are right. I will try.

A: I met Masao yesterday. And he said he was worried about your figure.

B: Okay. I won't eat candy between meals.

【レベル2】

A: You have eaten up twenty boxes of candies in half a day.

B: They tasted so good.

A: But you must think about how many calories you consumed.

B: How many?

A: I don't know, but it is certain that you have consumed twice as much as I have. What else did you eat after lunch?

B: Two apples, two peaches and a bunch of grapes.

A: I saw you drink a can of orange juice.

B: Why do you make such a fuss over what I ate? I am not fat at all.

A: You're right. You are not fat, but not thin, either. I worry more about your health than your figure. Eating too much will eventually ruin your health.

B: Yes. I guess you are telling the truth. I feel I am gaining weight these days.

A: First of all you must stop eating sweet food too much. And eating between meals is another thing you have to stop.

B: It's tough, but I will try.

A: The other day I talked with Masao, your friend. He said he would like you even more if you slimmed down a bit.

B: Then I will try to stay as I am now at least.

3 反論する

3-1 犬・猫論争

【ペア A への指示】

犬大好き・猫大嫌い人間である。ペットとしての犬の良さを大いに主張して，猫大好き人間のペア B に徹底的に反論する。

【A に渡す反論予定カード】

予想される B の主張
1. 猫は吠えないので，近所の迷惑にならない。
2. 毎日散歩させなくてもいい。
3. 室内で一緒に遊ぶことができる。
4. ネズミを捕る
5. 非常に可愛い。

【ペア B への指示】

猫大好き・犬大嫌い人間である。ペットとしての猫の良さを大いに主張して，犬大好き人間のペア A に徹底的に反論する。

【B に渡す反論予定カード】

予想される A の主張
1. 犬は番犬になる。
2. 散歩させることで持ち主の運動になる。
3. 人間にとって忠実な友達になる。
4. 感情の表現が理解しやすい。
5. 成長が楽しめる。

【レベル 1】

A: I like dogs. Dogs are the best friends of human beings.

B: They may be. But cats are the cutest animals we can keep.

A: Every day I walk my dog. This is a good form of exercise. You can't walk cats.

B: But when you are busy, you have to ask someone to take care of your dog. Cats don't demand human help.

A: The cat-and-human relationship is cool while a dog makes a good companion with humans.

B: Cats don't bark. They won't cause any trouble in the neighborhood.

A: Cats don't bark at burglars, either.

B: Cats can catch rats, but dogs can't.

A: Ok, ok. Let's stop here. I love dogs whatever you say.

B: The same with me. I like cats whatever you say.

【レベル2】

A: I heard you keep as many as five cats in your house. I can't believe it.

B: Cats are the cutest animals. I would like to have more if I had more room.

A: You certainly have a strange opinion. Cutest animals are dogs for me.

B: Dogs bark and turn dangerous sometimes.

A: It depends on the discipline man gives to dogs. If he gives it love, it gives back its love toward him. In that sense cats are not open to express their love to the owner.

B: You're wrong. Cats express their love with their whole bodies. Dogs are usually kept outside the house. But cats can stay indoors. So we have more chance to play with them.

A: Dogs are animals which live outdoors. So to play with them we will inevitably do some outdoor exercise. Every day we walk our dog. It offers a good chance to do physical exercise regularly.

B: That makes a burden for the busy owner at the same time. We cannot leave home long unless we hire someone who takes care of the dogs. Cats are free. They go out any time they want to. They don't need any human help.

A: Dogs can guard the house while the owner is away. I don't hear "watch cat." Cats are useless for burglary.

B: Dogs are useless for catching rats.

3-2 制服賛否

【ペア A への指示】

制服賛成の立場で，私服賛成のペア B に反論する。

【A に渡す反論予定カード】

予想される B の主張
1. 服装は自分らしさの表現。自由のほうが自然。
2. その日の行動にあわせて服装を選べる。
3. 天候・体調などに応じた服装が可。
4. 多様な服装で学校が明るくなる。
5. 校外で自分の身分（学校）を知られないですむ。

【ペア B への指示】

制服反対の立場で，制服賛成のペア A に反論する。

【B に渡す反論予定カード】

予想される A の主張
1. 服装を選ぶ時間が節約できる。
2. お金がかからない。
3. 生徒の間で華美な服装を競うことがない。
4. 生徒としての帰属意識がはっきりする。
5. 勉強しようとする気分作りに良い。

【レベル 1】

A: I like school uniforms.
B: Do you? I hate them.
A: Why? They are pretty, aren't they?

B: Pretty or not, I don't like to wear the same clothes as others. I want to be different.

A: You can be different in other ways, as in sports, study and in your character. When we wear uniforms, we don't have to pay much attention to the clothes.

B: You're wrong. Clothes are expression of individual taste. That is an important part of self expression.

A: The uniform shows that we are students of this school.

B: Some students are not happy about being students here.

A: When we are in uniforms, we can focus on study. They tell us this is the time for study.

B: Clothes have nothing to do with what we are.

A: What we look like sometimes influences how we think.

【レベル2】

A: I'm not very happy with this school which has done away with uniforms.

B: Are you? I can't believe it. What's good about school uniforms?

A: It's obvious. We didn't have to worry about what we were going to wear for school every morning.

B: Don't you think that is what the freedom means? We decide what we wear. So we need to think.

A: Then there will be competition to wear nicer clothes than others. Some students who can afford fashionable clothes are happy with such competition. But some will feel inferior when their clothes are not fashionable.

B: It depends upon individual students. I believe most of us are not bothered too much about what we wear at school.

A: Cost is another problem. School uniforms are generally less expensive than ordinary clothes.

B: Oh, sometimes they are more expensive than ordinary blouses and skirts.

A: But the most important thing about school uniforms is the identity they give us. In a glance everybody knows which school we go to.

B: But in modern society it is not always proper to reveal one's identity too easliy. Sometimes it leads to crime.

4 ほめる

4-1 物をほめる

【ペア A への指示】

ペア B の持っているものを1つ取り上げて、英語でほめあげる。そして、なぜほめるのかの理由もつける。制限時間5分。

【ペア B への指示】

ほめられたら素直に受け入れ、感謝する。お返しに、A の持ち物をほめる。

【ペア A・B に渡す表現カード】

ほめ言葉一覧：2つ以上の単語を用いてほめなさい。

good	great	splendid	excellent
fantastic	marvelous	terrific	beautiful
wonderful	perfect	impressive	nice

| expensive | handy | super | superb |

【レベル 1】

A: Your pencase is nice.

B: Thank you. It was my birthday present from my brother.

A: It has an interesting pattern.

B: It is designed from lilies.

A: The color is nice, too.

B: Yes. It is also very handy. Your pencase is nice, too.

A: Thank you. I have been using it for almost two years.

B: It looks almost new. You take good care of it.

A: Yes, I do. It is a present from my grandmother. She lives in the country.

【レベル 2】

A: May I see your new pencil case?

B: Sure. Why?

A: That looks very pretty. Where did you buy it?

B: My sister gave it to me as a birthday present.

A: I like that pattern of flowers on it.

B: Thank you. Lilies are my favorite flowers. Your pencil case is pretty, too. Have you been using it for quite a long time?

A: Yes. I have been using this for more than two years.

B: Was it a birthday present?

A: No. I bought it at Maruya Department Store.

B: I know they sell lots of nice stationary there.

A: I'm planning to drop in there on my way home. Do you

want to join me?

B: Yes. I have something to buy there, too.

4-2 人をほめる

【ペア A への指示】

ペア B の性格の良いところを見つけてほめる。具体的な事実を挙げて，その理由を述べる。制限時間5分。

【ペア B への指示】

ほめられたら素直に感謝し，必ずしもそうではないと謙虚さを見せる。ペア A の性格の良いところを見つけてほめる。

【ペア A・B に渡す表現カード】

ほめ言葉一覧：2つ以上の単語を用いてほめなさい。

kind-hearted	compassionate	generous	gentle
open-minded	warm-hearted	intelligent	clever
wise	sensible	careful	prudent
hardworking	industrious	imaginative	goodlooking
handsome	beautiful	pretty	slender

【レベル1】

A: You are very kind.

B: Thank you, but why?

A: You visited Yamada at the hospital every day.

B: Yes. The hospital is near my house.

A: You told him about our math classes every day.

B: Yes. But it was a good way for me to review the lesson.

A: You are so generous. You must be busy.

B: Not so much. Did Yamada say something?

A: He said he was grateful.

B: I am glad to hear that.

【レベル 2】

A: You are much more kind-hearted than what I thought you were.

B: Thank you. But is there anything that makes you say so?

A: I heard you visited the hospital every day while Yamada was there.

B: Oh. The hospital is on my way home.

A: You told him about what was going on in our math class. You know he is not very good at math. You are so sensible.

B: Well, it was partly for me. Telling him about the day's class was a good review for me.

A: When I went to see him yesterday, he was very grateful for what you had done for him.

B: Did he say so? I'm glad to hear that.

4-3 作品をほめる

【ペア A への指示】

ペア B の絵・工作・詩・作文などを1つ取り上げてほめる。特に感心した点を必ず添える。制限時間5分。

【ペア B への指示】

ほめられたら感謝して，A の作品のどれかを取り上げてほめる。なぜ感心したか，理由を添える。

【ペアA・Bに渡す表現カード】

ほめ構文のいろいろ

1. 比較級を使う：better than anything you have done
   no less beautiful than what our art teacher did
2. 最上級を使う：the best one I have ever seen
   the most wonderfully done
3. 経験の
   現在完了で：have never seen such a beautiful 〜 as this
   best work you have ever done
4. 否定構文で：nothing is as good as this
   nobody can do such nice work

【レベル1】

A: I saw your picture. I was impressed.

B: Where did you see it?

A: I saw it at the City Art Festival. It was better than anything shown there.

B: Thank you. I didn't know it was being shown there.

A: I like the colors you used in the picture. You have a special talent.

B: You're good at drawing portraits, aren't you?

A: I don't know. I missed the City Art Festival.

B: That was because you were sick in bed. I admire your portraits.

A: You are so generous. Let's work together for the next art show.

B: Yes, let's.

【レベル2】

A: I saw your picture posted in the hallway. It was wonderfully done.

B: Did you? I'm embarrassed to hear you say so.

A: Why?

B: I finished it in three days.

A: You are a genius. I have never seen such a magnificent picture.

B: Oh. You are too generous.

A: I was particulary impressed with your portrayal of the mountains in the back. It shows the misty forests there very well.

B: Thank you. You did your work well, too.

A: Did you see my work? Where?

B: I saw it on Mr. Tanabe's desk. He said he was sending yours to the City Art Festival.

A: Did he? I didn't know that. How happy I am!

5 紹介する

5-1 自分を紹介する

友達を選ぶなら，
1. 自分の性格は_____だから，_____の性格の人がいい。
2. 自分の趣味は_____だから，_____の趣味の人がいい。
3. スポーツは_____が好きだから，_____が好きな人がいい。

1. 上のカードを全員に配布して，空欄を日本語で埋めてから，裏面にその英文をたとえば次のようにメモする。

① I am shy, so I want an energetic person as my friend.
② I love knitting, so I want a person who likes reading.
③ Baseball is my favorite sport, so I want a person who loves baseball, too.

一方，OHPや板書で英作文のための単語を与えておく。

①の材料として

bashful, cheerful, easy-going, energetic, lively, merry, outgoing, quiet, serious, など

②の材料として

detective stories, drawing pictures, fishing, hiking, novels, photography, travelling, など

③の材料として

baseball, football, gymnastics, judo, kendo, pingpong, soccer, tennis, volleyball, など

2. いったん全員のカードを回収し，よく切ったあとで全員にアトランダムに再配分する。

3. 配布されたカードの日本語の記述から，だいたい見当をつけて自由にインタビューする。

たとえば，

A: You want a quiet person as a friend. How about me? I am a quiet person. We will make good partners.

B: I agree. You are fine with me. You like knitting, don't you? I am fond of reading. We will make good partners.

A: I think so, too. How about sports? You like baseball. I love tennis. We'll make good partners.

B: No, I don't like baseball. I am a tennis fan. So we'll make really good partners.

このように,カードに記載された情報は単に会話のきっかけを作るためだけであり,趣味や性格が違っていても,良いパートナーになれそうかどうかが問題になる。

4. 10分のインタビュー時間で,最終的に何人とパートナーになれたか競う。

5-2 ひとを紹介する

(両)親について紹介しあうので事前に次のことを聞き出しておくように,と指示しておく。

---

1. 結婚したときの父(母)の年齢。
2. 恋愛結婚か見合い結婚か。
3. 最初のデートはどこだったか。
4. 結婚した時は貧しかったか。

席を立って自由に相手を選び,まず自分の父(母)を紹介したあとで,相手の父(母)のことを聞き出す。3〜4人とインタビューしたあとで,比較的自分の親と似ている相手を1人選ぶ。

A: My father got married to my mother when he was twenty-seven.

B: Oh, my parents got married at twenty-seven and twenty-four. That must have been a standard age for marriage.

A: They had known each other for several months before their first date. They worked for the same company.

B: My parents were introduced to each other through their mutual friend.

He is still a good friend of theirs.
A: I heard their first date was at an amusement park.
B: Same as my parents.
A: They say they were terribly poor when they got married. I'm afraid they still are.
B: My mother tells me the same thing. She says my father had no money at all.
A: Well, our parents were very similar.

　両親の結婚のいきさつを知らない生徒が多く，ましてやその情報を友人と交換し合うというのは新しい経験である。その意味で，生徒の興味をそそる活動内容になる。上例のように単に情報をやり取りするだけでなく，ひとことそれに関する感想を付け加えて対話を発展させるのが，この活動の趣旨である。当然クラスの中には片親や離婚家庭の生徒もいるであろうから，事前に状況をよく把握しておいて，親について語りたくない生徒には教師の経験を代替えとして流してやるなどの配慮が必要になってくる。

6 想像を楽しむ

　1．教師は，新聞紙を丸めて詰めたビニールの買い物袋を持って教室に入る。
　2．生徒の1人にそれを手渡して，
　　This is your bag. I found a monkey in it. Why did you bring a monkey with you?
などと言う。
　3．生徒はその質問につじつまを合わせる返答を考えなければならない。たとえば，

He is my best friend. He didn't want to be left alone at home. He can help me with math questions. He is very intelligent.

などが考えられる。

　4．返答が終わったら，その袋を別の生徒に手渡して，

　　Hey, this is your bag. I found a watermelon in it. Why did you bring a watermelon with you?

などと，別の中身を指示して，つじつまのあう返答を要求する。

　5．5人ほどの生徒に質問と返答が一巡したら，最後の生徒は奇想天外な品物を考えて，教師に Why did you bring ～ with you? と挑戦する。

(参考：Penny Ur & Andrew Wright, *Five-Minute Activities*, Cambridge Handbooks for Language Teachers, 1992, p. 95)

　これはテスト終了のあととか，ちょっと時間のゆとりがある時に行う，気軽な言語ゲームである。中学校の低学年では自発的に英文で表現するのは無理だから，教師の手助けが必要である。しかし，活動自体は明快なので，2年の後半頃から既有の知識で十分活動を楽しめるようになる。

7　討論する

　1．発電と環境のプロジェクト

　「もし孤島で電気が必要になったらどうする」というテーマで討論する。その際，全体としての議論の流れを次のように設定して，OHP などで示しておく。議論が的はずれにならないように，議論のテーマは A 対 B では「豊かな生活に電気は不可欠か」，C 対 D では「自然エネルギーで生じる電力だけで我慢すべきか」，

E対Fでは「太陽光発電と風力発電はどちらがいいか」などのように絞る。

　それぞれの立場の肯定的・否定的事実を一覧表にして下に掲げる。これらの情報を取り入れて，自分の議論の道筋を作る。

気候が温暖で自然が豊富な絶海の孤島に移住してきました。観光客も訪れて経済的にも安定した生活が可能です。

A
自然がいっぱいの今の生活に満足している。電池で動く範囲の電気製品で十分。発電装置などいらない。

B
このままでは現代生活に取り残される。緊急時にも電力で動く設備が必要だ。何らかの発電装置を設置したい。

C
現代の文化生活を送るためには膨大な電力が必要だ。石油による火力発電所をつくるのが一番現実的な解決策だ。

C
化石燃料を燃すのは環境破壊につながる。自然を求めて移住してきた意味がない。自然エネルギーを利用した発電を選択。

E

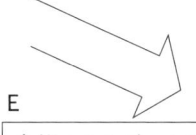

自然エネルギーとなれば太陽光発電が最適だ。年中日光に恵まれた島の環境からこれに勝るものはない。

F

エネルギーの効率からは風力発電がいい。年中東風に恵まれた島の位置が格好の発電条件を与えてくれる。

【Aの立場】（現状に満足，電力など不要）

▶肯定的意見

・It is a healthy life, getting up as the sun rises and going to bed as the sun sets.

・It is a hard, but spiritually satisfying way of life.

▶否定的意見

・We'll fail to make good use of the long nights during winter.

・We may feel behind modern times.

【Bの立場】（電気を導入して豊かな生活）

▶肯定的意見

・It makes life safer and easier.

・It offers us a better use of our time for more creative work.

▶否定的意見

・An electric generator produces CO_2 gas that contributes to global warming.

・It destroys the benefit of being close to nature.

【Cの立場】(潤沢に電気を使う)
▶肯定的意見
　・All kinds of electric appliances enrich our lives.
　・There are many educational programs on TV. We learn more from them.
▶否定的意見
　・Machines dominate human life too often.

【Dの立場】(電池程度の電力で我慢)
▶肯定的意見
　・The radio is good enough to obtain really important information.
　・Small electric gadgets operated by batteries don't inhibit movement. They are less of a burden for walking.
▶否定的意見
　・Visual images given by TV may be needed sometimes.
　・We sometimes miss the colorful images given by TV.

【Eの立場】(太陽光発電)
▶肯定的意見
　・Solar panels are easy to install.
　・Almost no maintenance is needed.
▶否定的意見
　・Solar panels are very expensive.
　・No electricity can be obtained during the night.

【Fの立場】(風力発電)
▶肯定的意見
　・Windmills are not very expensive.
　・They are a fairly stable source of energy.

▶否定的意見
- Windmills produce noise.
- They require more time to be built than solar panels.

自然エネルギーに関する議論であれば、それが英語を通してであっても事実に基づくのがいい。たとえば、太陽光発電と風力発電に関しては、次のような質問を仮定して事実を整理しておく。

問1　家庭用冷蔵庫を1日運転するのに、何平方メートルの太陽光パネルが必要か。

4人家族向けの冷蔵庫で、ソーラーパルは0.63平方メートルの大きさと仮定すると、このパネル1枚に16時間の日光を当てれば、冷蔵庫は1日使用できる。ただ、パネルは規格の7〜8割の大きさが現状だから、実際にはこうしたパネル7枚に3時間の真昼の太陽が当たれば、冷蔵庫が1日運転できる計算になる。

問2　風力なら、直径何メートルのタービンが、風速何メートルの風速で、何時間回転しなければならないか。

直径1.4mのタービンに、秒速12.5mの風が4時間吹けば、冷蔵庫が1日運転できる。秒速12.5mの風とは、「大枝が動く」「電線が鳴る」「傘がさしにくい」などのかなりの強い風である。

問3　家庭の電力需要をほぼまかなえる程度のシステムは、およそいくらぐらいするのか。

太陽光パネルなら　　300万円前後
風力発電機なら　　　50万円前後

問4　メインテナンスの必要は

太陽光パネルは基本的に保守不要。一般的に10年保証。風力発電はタービン部分の保証が3年程度。タービンは10〜15万円程度。

8 意見を言う

1.「これはアメリカで起きた不幸な事件の概略です。よく聞いて,誰が一番悪かったのか,または誰に責任があるのか判断して下さい」と言って,下の英文をゆっくり読む(またはプリントで配布する)。

Rose had been married to Ned Smith for three years. Mr. Smith was a sort of workaholic and often came home after midnight. Naturally Rose was always lonely.

On the night of February 13, 2001, she got a call from her husband who said he would stay at his office till twelve o'clock. She was shocked because that day was the third anniversary of their marriage. She felt so unhappy that she decided to visit her old boyfriend, John Clinton, who lived on the other side of the same city. He welcomed her at his apartment and they had a splendid time together talking about their younger days. But around eleven o'clock when she was to leave, John refused to escort her to her house. So she had to walk alone across the only bridge which connects the two parts of the city.

To her horror, however, she found a man holding a big knife in the center of the bridge. She ran away and spotted a taxi parked near the bridge. But the taxi driver did not like to be disturbed and demanded 100 dollars just to take her across the bridge. Because she had only 80 dollars, she ran to her old friend's house which was located nearby and asked Paul Simon for twenty dollars. Though she explained her desperate situation in tears, he refused to lend her money.

> So she returned to the bridge by herself and was murdered by the man who was on the bridge. The killer turned out to be Nicholas Johnson, who had been released from a mental hospital only a week before. Although he was known to have a record of violence, Dr. Carter, who was in charge of him, allowed him to leave the hospital.

登場人物7人の名前を板書して，各人の関係を確認する。

Rose Smith	被害者
Ned Smith	被害者の夫
John Clinton	被害者の昔の恋人
Paul Simon	橋の近くに住む被害者の友人
Nick Johnson	殺人者
the taxi driver	乗車拒否をしたタクシー運転手
Dr. Carter	精神病院の Nick の主治医

2．教師が，この事件に対するコメントを次のような文で表現する。口頭で言い，かつ板書する。

Rose herself was <u>most to blame</u> because she was so careless to visit her old boy friend at night.

Dr. Carter was <u>no less responsible than</u> Paul Simon because he should have been aware of the danger.

Ned Smith <u>shouldn't be blamed</u> because he had a lot of work to do in his office.

John was not <u>so much to blame as</u> Paul because he did not know the bridge was so dangerous that night.

Nothing is <u>more important than</u> husbands remembering their wedding anniversaries.

3．生徒は下線部を生かして，自分自身の意見を英語で書く。

because 以下の理由も必ず付ける。

4. Who is most to blame? のテーマで，日本語で意見を交わす。

　単に「意見を述べなさい」と強いても，生徒は積極的に反応しない。そこで，この活動は，いくつかの事象を比較検討することで，英文に表出しやすいように工夫してある。事前に他のクラス，または他の先生から意見を聞いておいて，その意見について話し合うのもいい。ただ，精神病患者を扱っているので，このテーマの取り扱いには偏見を生じさせないような注意が十分に必要である。

まとめ

　本書はまず，平成10年度指導要領で示されている「実践的コミュニケーション能力の養成」について，その基本的な疑問点を列挙することから始めた。第1部ではそれに対する筆者なりの理解を示し，第2部では教室現場での活動を例にして，21世紀の日本の英語教育の方向を実際に検証したつもりである。本書を閉じるにあたって，冒頭で提示した疑問に，次のように答えたい。

　1．指導要領の「実践的」と「基礎的」は自己矛盾しないかという疑念に対して，用語の語義から始めるのは不毛の議論になるだろう。「基礎的」であることは中学・高校のレベルとして議論の余地がないにしても，「実践的」というのはきわめてとらえどころのない概念である。ただ，それは，「言語使用の場面」として例示してあるような，個別の状況（電話，買い物，道案内など）で要求される言語能力を意味しているのではないであろう。「実践的・基礎的」と並列してあっても，あくまでも前者は方向を示すだけであり，焦点は後者に置かれるべきである。

　2．言語活動を行わせるには，そのタスクがその場で本当に必要である，という状況を用意してやることが肝要である。タスク活動の成否は，そのコミュニケーションに関与した者の必要感に正確に比例すると言っていい。実際的必要感を持たせにくい教室という環境で，ゲームが多用されるのもその理由からであるが，21世紀の英語教師は言語を教えるだけでなく，言語学習が必然的に生起するような状況を教室に持ち込むことにも達者でなければ

ならない。「教師は教えなくていい,学びが生まれる状況を作ってやればいい」という先達の言葉は真実を突いている。そのために教師は生徒と同じレベルで彼らの興味や関心の対象を知り,あらゆる意味で resourceful でなければならないのである。

　もちろん,教室を真性のコミュニケーション場面として,そのようなタスクを創造することは大事であるが,教室英語の延長として教師の発言に対する生徒の受け答えで終わってしまうのが普通である。たまたま英語教師が学級担任であったとしても,遅刻の小言や,日程のアナウンスメントを活動に仕立てることはきわめて難しい。英語授業の中に現実的な必要感を持ち込むことは不可能に近いのである。その活動が生徒にとって真に面白ければ,また満足のいくものであれば,真性のコミュニケーションにこだわる必要はない。

　3．指導要領の「言語の使用場面」を,第1部第2章で扱った「話題的場面」と混同してはならない。「ツアーの申し込み」は話題であって,「電話の会話」は使用場面である。つまり,話題的場面ではその場面に特有な言い回しが占める割合が多く,また他の場面での転用が限られているので,それは中学や高校で取り上げる必要はない。指導要領自体に,場面の意味内容がきちんと整理されていないから,「場面のつまみ食い」という疑念を生じさせるのである。それは「場面シラバス」のようなものを意図しているわけではない。

　4．学習指導要領の「聞く」「話す」の強調は,従来「書く」「読む」が異常に強調されてきたことに対する是正の意味を込めた取り上げ方であって,決してその2つの領域に言語活動を限定せよという意味ではない。指導要領の文言で言えば,指導は各領域にわたって「有機的な関連」をもって成功に導け,となる。学習時間が限られた生徒たちにとって,文字による学習の定着は議

論の余地がない。また,「話す」「聞く」が,必ずしも「読む」「書く」の軽視につながるわけでもない。高校レベルの英語力には,読解力と作文力が大切であることには変わりがない。特に,書く作業は軽視されがちであるから,本書の第2部で紹介したように,「書く」作業をさまざまな言語活動の中に組み込んでおくことが必要である。

　5．指導要領の「使用場面」が特定・特殊な場面を意図しているわけでないことは 3. に述べた。現行教科書が依然として言語材料に着目した編成になっている以上,シラバスを大きく「言語の働き」に注目したものに改変することは無理であり,無駄であるという結論を出したい。現実的な解決策としては,日常的な言語材料の学習を「機能」に注目したやり方で鍛えていくことになるだろう。それには言語形式の段階的習熟にあわせて,徐々に機能の学習に移る方策もあるだろうし,最初から,形と機能を平行して取り上げる方法もある。いずれにせよ,形式→機能といった一元的言語観は是正されなければならない。第2部第3章で取り上げたように,単元ごとに「〜ができる」という行動目標を設定し,機能に着目した活動を投げ入れるというシステムは検討に値するのではないか。

　6．週3時間ないし4時間という時数の制約は,現場教師にはどうにもならない問題である。しかし,常に実際的使用を念頭に置いて指導していく方法が形式主導型よりも時間がかかる,という証拠はない。教育が学校だけの独占物でなくなっている今日的状況の中では,生徒が雑多な状況で拾ってくる多様な言い回しを活用するという,多角的なアプローチが多面的な学習を刺激してくれる。英語は教科書の中にあるものだ,という固定観念から脱却しなければならない。

　7．生徒に成就感を与えるということは大切なことである。し

たがって，学習した知識技能が機能する場面を用意することは大切である。それは文法書のどこまでをマスターしたといったものでなく，実際の使用を通して身につけるルールである。生徒のレベルに合わせたビデオ，漫画本，絵本などを豊富に用意しておくのもいいだろうし，教師のコントロールを離れたところでALTとの接触を勧める方法もある。

8．入試は変わりつつある。特に，公立高校の入試は学習指導要領の趣旨をよく反映したものになっているから，授業において実践的コミュニケーション能力を重視することがが入試に不利益をもたらすとは考えられない。有名私立高校や大学入試の個別試験は多少状況が変わってくるが，いずれにせよコミュニケーション能力が文法的知識と矛盾するわけでない。むしろ多角的な英語力の養成に役立っていると考えれば，決してコミュニケーション強調が入試に不利益になるということはないのである。

これからの英語教師は，授業を通して生徒の自発的学習を促進する役割を果たしていかなければならない，とよく言われる。本書で述べたタスク活動Bならびに実践的コミュニケーション活動では，生徒の主体的参加が不可欠である。それには教室がふだんから楽しく，協調性に富んだものでなければならない。そして教師は，英語学習の成功モデルとして生徒の全面的な信頼を勝ち得ていなければならないのと同時に，興味溢れる授業を構成していけるオーガナイザーとしての資質も備えていなければならないのである。実践的コミュニケーション能力養成のための英語教師には，"resourceful"であることがますます強く求められることになるであろう。

参考文献

大津和子(1993)『国際理解教育——地球市民を育てる授業と構想』国土社.

大村喜吉・高梨健吉・出来成訓編(1980)『英語教育史資料第2巻：英語教育理論・実践・論争史』東京法令出版.

柴田義松(2000)『教育カリキュラム入門』有斐閣.

高島英幸(2000)編著『実践的コミュニケーション能力のための英語のタスク活動と文法指導』大修館書店.

高橋正夫(1991)『身近な話題を英語で表現する指導』大修館書店.

高橋正夫(1994)『高校英語のコミュニカティヴ プラクティス』中教出版.

高橋正夫(1999)『英語教育学概論』金星堂.

高橋正夫・春日孝児・小林一彦(2000)『高校英語のコミュニカティヴ プラクティス』中教.

竹蓋幸生(1989)『ヒアリングの行動科学——実践的指導と評価への道標』研究社出版.

田中正道(1998)『日本の英語学力評価——回顧と展望』教育出版.

長瀬荘一編(1998)『小学校英語活動づくり事典』明治図書.

萩野俊哉(2000)『コミュニケーションのための英文法』大修館書店.

樋口忠彦他編(1997)『小学校からの外国語教育』研究社出版.

平田和人編(1999A)『新中学校教育課程講座＜外国語＞』ぎょうせい.

平田和人編(1999B)『中学校新教育課程の解説——外国語』第一法規.

藤生由美子(2000)『中学英語のコミュニカティヴ プラクティス』中教.

松川禮子(1998)「新しい外国語教育のパラダイム」『英語展望』No. 105, ELEC.

Allsop, J. (1989) *Making Sense of English Grammar Exercises*. Cassell Publishers Limited.

Channell, J. (1994) *Vague Language*. Oxford University Press.

Littlewood, W. (1981) *Communicative Language Teaching*. Cambridge University Press.

Ludwig, J. (1982) "Native-Speaker Judgement of Second Language Learners' Effort at Communication. A Rewiew." *Modern Language Journal*. 66, 3: 274–283.

Lynch, T. (1996) *Communication in the Language Classroom*. Oxford University Press.

Malamah-Thomas, A. (1987) *Classroom Interaction*. Oxford University Press.

Newmark, L. (1966) "How not to interfere with language learning." *International Journal of American Linguistics*. 2: 77–83.

Rivers, W. M. (1968) *Teaching Foreign Language Skills*. Chicago and London: University of Chicago Press.

Rinvolucri, M. (1992) *Grammar Games*. Cambridge University Press.

Rost, M. (1990) *Listening in Language Learning*. Longman.

Ur. P. (1999) *Grammar Practice Activities*. Cambridge University Press.

Ur, P. & A. Wright (1999) *Five-Minute Activities*. Cambridge University Press.

Wilkins, D. A. (1976) *Notional Syllabuses*. Oxford University Press.

van Ek, J. (1976) *The Threshold Level for Modern Language Learning in Schools*. Longman.

■和文索引

あ
意見 225
意味 51
意味のやりとり（negotiation of meaning） 26-7,60,70,139
インタビューゲーム 80,136,167
インタラクション 59-60,65
インプット理論 73
薄紙重ね絵方式 47
「英語指導方法等改善の推進に関する懇談会」 12
英語廃止論 18
横断的，総合的な課題 9-10

か
概念・機能シラバス（Notional-Functional Syllabus） 48
回避行動（avoidance strategy） 16
紙芝居 88
聞き返し（seeking clarification） 26
聞き取り調査 135
規則性の原則 36
機能中心的なアプローチ（functional approach） 46
教育課程審議会 21,23
許容度（tolerance to errors） 30
形式 46
ゲーテの箴言 13

言語活動 15,22,52
言語の使用場面と働き 6-7,37
構造シラバス 35
国際理解教育 8-9,11
コミュニケーション活動以前 53

さ
ジェスチャー 28
視覚記憶をネタにした言語活動 111
実践的コミュニケーション活動 52,63
実践的コミュニケーション能力 5
情（cultural empathy） 8-9
小学校英会話学習 12
情報検索読み（scanning） 31
省略（ellipsis） 16,29
杉村楚人冠 18
性格判断 152
精読（perusal） 31
『世界青年意識調査報告書』 105
世論調査 104
総合的な学習の時間 9
創作人形劇 175
想像 219
即興性（improvisation） 155

た
体系的な外国語学習 11
タスク活動A 52,56,69
タスク活動B 52,69
知（linguistic knowledge） 8
中立的表現 47
統計結果 137
討論 220

な
流し読み（skimming） 31

なぞなぞカルタ 115,129
日本経営者団体連盟 19
入試 7,40,231
認識活動（recognition） 73
は
働き 44,46
発話速度 25
バトルシップゲーム 77
場面（話題） 43,46
場面中心主義 42
場面のつまみ食い 6,229
表出（production） 73
平泉 渉 13,20
ビンゴ 119
複雑さの原理 36
藤村 作 18
方略的能力（strategic competence） 27-8
母語との比較の原則 36
ほめ言葉 221,223
ま
物語整序 89
や
ユネスコ 9
指人形 139
ら
螺旋的な積み重ね（spiral/cyclic approach） 47
リアルな対話 115
臨時教育審議会 21,23
ロールプレイ 96
わ
技（linguistic skill） 8
渡部昇一 13

■英文索引

A
accuracy 30
additive and linear process 41
appropriacy 30
attentive listening 27
authentic language material 41
avoidance 28
avoidance strategy 16
C
comprehension check 27
controlled conversation 54
cultural empathy 8-9
D
deixis 28
E
ellipsis 16,29
F
free conversation 54
functional approach 46
functional communication activities 58
I
ideational content 62
ideational meaning 58
improvisation 155
incongruous picture 94
information gap 56,162
intensive listening 27
interactive listening 27

L
linguistic knowledge 8
linguistic skill 8
M
message-focused 56
N
negotiation of meaning 26-7, 60,69,139
Newmark, L. 38,41
non-verbal signal 26
Notional-Functional Syllabus 48
P
paraphrase 16,27
parataxis 16,29
paused listening task 25
perusal 31
phatic communion 30
production 73
R
recognition 73
repetition 27

S
scanning 31
seeking clarification 26
selective listening 27
skill-getting 38
skill-using 38
skimming 31
social interaction activities 63
spiral/cyclic approach 47
strategic competence 27-8
synthetic approach 41
T
tolerance to errors 30
twenty-questions 131
V
vague language 30
W
Wilkins, D. A. 41

[著者略歴]
高橋正夫（たかはし　まさお）
1960年，新潟大学教育学部外国語科卒業。1969年，ハワイ大学修士課程修了（MA in TESL）。現在，新潟医療福祉大学教授。主な著書に，『生き生きとした英語授業（上・下）』（共著），『身近な話題を英語で表現する指導』，『「ガイジン」生徒がやって来た』（共著）（以上大修館書店），『英語教師の発想転換』（共著，三省堂），『高校英語のコミュニカティヴ　プラクティス』（共著，中教）などがある。

英語教育21世紀叢書
実践的コミュニケーションの指導
©Masao Takahashi, 2001

NDC 375 248p 19cm

初版第1刷 ────── 2001年4月15日
　第2刷 ────── 2004年12月1日

著者 ─────── 高橋正夫
発行者 ─────── 鈴木一行
発行所 ─────── 株式会社大修館書店
　　　　　　　　〒101-8466　東京都千代田区神田錦町3-24
　　　　　　　　電話03-3295-6231（販売部）　03-3294-2357（編集部）
　　　　　　　　振替00190-7-40504
　　　　　　　　[出版情報] http://www.taishukan.co.jp

装丁者 ─────── 中村愼太郎
印刷所 ─────── 文唱堂印刷
製本所 ─────── 難波製本

ISBN4-469-24460-0　Printed in Japan
Ⓡ本書の全部または一部を無断で複写複製（コピー）することは，著作権法上での例外を除き禁じられています。